风 腐

同查同治十讲

秦强◎编著

人民日报出版社

北 京

图书在版编目（CIP）数据

风腐同查同治十讲 / 秦强编著 . -- 北京：人民日
报出版社 , 2025. 6. -- ISBN 978-7-5115-8842-5

Ⅰ . D630.9

中国国家版本馆 CIP 数据核字第 2025HC7188 号

书　　名：风腐同查同治十讲
　　　　　FENGFU TONGCHA TONGZHI SHIJIANG
作　　者：秦　强

责任编辑：程文静　靳婷云
装帧设计：元泰书装

出版发行：人民日报出版社
社　　址：北京金台西路 2 号
邮政编码：100733
发行热线：(010) 65369509 65369512 65363531 65363528
邮购热线：(010) 65369530
编辑热线：(010) 65363530
网　　址：www.peopledailypress.com
经　　销：新华书店
印　　刷：大厂回族自治县彩虹印刷有限公司
法律顾问：北京科宇律师事务所 010-83622312

开　　本：710mm×1000mm　　　1/16
字　　数：170 千字
印　　张：14.75
版　　次：2025 年 8 月第 1 版
印　　次：2025 年 8 月第 1 次印刷

书　　号：ISBN 978-7-5115-8842-5
定　　价：48.00 元

前　言

一体推进整饬作风、惩治腐败

2025 年 1 月 6 日，习近平总书记在二十届中央纪委四次全会上发表重要讲话指出，要深入推进风腐同查同治。始终坚持零容忍，把中央八项规定作为铁规矩、硬杠杠，严肃查处顶风违纪、隐形变异的"四风"问题，督促党员、干部坚决反对特权思想和特权现象，树牢正确权力观、政绩观、事业观。始终保持反腐败高压态势，对重点问题、重点领域、重点对象着重抓、着力查，深化受贿行贿一起查，坚决清除系统性腐败风险隐患。增强以案促改促治实效，推动完善权力配置运行的制约和监督机制，丰富防治新型腐败和隐性腐败有效办法。坚持正风肃纪反腐相贯通，以"同查"严惩风腐交织问题，以"同治"铲除风腐共性根源。①

---

① 《习近平在二十届中央纪委四次全会上发表重要讲话强调 坚持用改革精神和严的标准管党治党 坚决打好反腐败斗争攻坚战持久战总体战》，《人民日报》2025 年 01 月 07 日。

为贯彻落实习近平总书记重要讲话精神，中国共产党第二十届中央纪律检查委员会第四次全体会议于 2025 年 1 月 8 日通过了《中国共产党第二十届中央纪律检查委员会第四次全体会议公报》，专门对"深入推进风腐同查同治"要求作出部署，强调健全不正之风和腐败问题同查同治机制，着力推动正风反腐一体深化。以"同查"严惩风腐交织问题，锲而不舍落实中央八项规定精神，一严到底纠治"四风"，聚焦顶风违纪、隐形变异、严重影响市场秩序、加重基层负担等问题，强化监督、深化治理；一刻不停惩治腐败，严查政治问题和经济问题交织的腐败案件，着重抓好金融、国企、能源、消防、烟草、医药、高校、体育、开发区、工程建设和招投标等领域系统整治，着力破解新型腐败和隐性腐败发现、取证、定性难题，严肃查处滥用职权、玩忽职守、违规决策造成国有资产重大损失问题，坚决查处那些老是拉干部下水、危害一方的行贿人，加大跨境腐败治理力度。以"同治"铲除风腐共性根源，加强对领导干部配偶、子女及其配偶违规经商办企业等情况的及时预警监督，推动构建党委统一领导、纪委组织协调、有关部门协同联动的政治生态分析研判机制，完善对重点行贿人联合惩戒机制，制定新时代廉洁文化建设三年行动计划（2025 — 2027 年），讲好中国反腐败故事。以"查"、"治"贯通阻断风腐演变，制定关于推进不正之风和腐败问题同查同治的意见，以大数据信息化赋能正风反腐。①

为贯彻落实党的二十届三中全会部署，巩固拓展学习贯彻习近平新时代中国特色社会主义思想主题教育成果，巩固深化党纪学习教育

---

① 《中国共产党第二十届中央纪律检查委员会第四次全体会议公报》，《人民日报》2025 年 01 月 09 日。

成果，锲而不舍落实中央八项规定精神，推进作风建设常态化长效化，党中央决定，自 2025 年全国两会后至 7 月在全党开展深入贯彻中央八项规定精神学习教育。中共中央办公厅印发的《关于在全党开展深入贯彻中央八项规定精神学习教育的通知》指出，本次学习教育要坚持以习近平新时代中国特色社会主义思想为指导，持续深化党的创新理论武装，组织全党认真学习领会习近平总书记关于加强党的作风建设的重要论述，学习领会和贯彻落实中央八项规定及其实施细则精神，系统总结党的十八大以来深入贯彻中央八项规定精神取得的显著成效，集中整治违反中央八项规定及其实施细则精神的突出问题，运用由风及腐案例加强警示教育，引导党员、干部锤炼党性、提高思想觉悟，密切党群干群关系，以作风建设新成效推动保持党的先进性纯洁性、不断赢得人民群众信任拥护，为进一步全面深化改革、推进中国式现代化提供有力保障。

党的作风就是党的形象，关系人心向背，决定党和国家事业成败。党的十八大以来，以习近平同志为核心的党中央从制定和落实中央八项规定开局破题，坚持自上而下、以上率下，解决了新形势下作风建设抓什么、怎么抓的问题。中央八项规定一子落地，作风建设满盘皆活，党风政风焕然一新，社风民风持续向好，我们党以作风建设新气象赢得了人民群众信任拥护。习近平总书记围绕加强党的作风建设发表的一系列重要论述，立意高远，内涵丰富，思想深刻，对于持之以恒正风肃纪，锲而不舍落实中央八项规定精神，以钉钉子精神纠治"四风"，推进作风建设常态化长效化，保持以党的自我革命引领社会革命的高度自觉，坚持用改革精神和严的标准管党治党，确保党始终成为中国特色社会主义事业的坚强领导核心，推动中国式现代化行稳致远，具有十分重要的意义。①

党的作风是观察党群干群关系、人心向背的晴雨表，也是党自我革命的强大动力。开展深入贯彻中央八项规定精神学习教育，是巩固拓展主题教育和党纪学习教育成果、纵深推进全面从严治党的重要举措，是密切党群干群关系、巩固党的执政基础的必然要求，是推进中国式现代化的有力保障。从当前实际看，近年来作风建设取得明显成效，但形式主义、官僚主义问题仍然存在，基层负担依然较重，少数干部存在"四风"问题隐形变异。开展这次学习教育，有利于持续深化作风建设，推动解决当前党员干部队伍在作风方面存在的突出问题，激励全体党员干部担当作为，凝心聚力推动经济社会高质量发展。

中共中央办公厅印发的《关于在全党开展深入贯彻中央八项规定精神学习教育的通知》专门强调，"集中整治违反中央八项规定及其实施细则精神的突出问题，运用由风及腐案例加强警示教育"，由此可以看出，党中央对加强党的作风建设和深入推进反腐败斗争的规律关系的深刻认识，对坚持风腐同查同治、持之以恒正风肃纪反腐的意义作用的深刻把握。开展深入贯彻中央八项规定精神学习教育，必须把学习贯彻落实中央八项规定及其实施细则精神与学习贯彻习近平新时代中国特色社会主义思想结合起来，与巩固深化党纪学习教育成果结合起来，深刻把握改进作风的新部署新举措新要求，锲而不舍落实中央八项规定精神，坚定不移把反腐败斗争进行到底，以深入推进风腐同查同治为抓手，一体推进整饬作风、惩治腐败，持续整治群众身边不正之风和腐败问题，把全面从严治党不断引向深入，把党的伟大

---

① 《〈习近平关于加强党的作风建设论述摘编〉出版发行》，《人民日报》2025年03月13日。

自我革命进行到底。

习近平总书记在二十届中央纪委四次全会上的重要讲话,充分肯定过去一年全面从严治党取得的新进展新成效,从实现新时代新征程党的使命任务的战略高度,以高远的历史眼光深刻把握反腐败斗争基本规律,深刻分析当前反腐败斗争形势,旗帜鲜明澄清错误认识、廓清思想迷雾,对坚决打好反腐败斗争攻坚战、持久战、总体战提出明确要求,对以全面从严治党新成效为中国式现代化提供坚强保障作出战略部署,对纪检监察干部队伍寄予殷切期望。特别是对加强党的作风建设、坚定不移推进反腐败斗争,习近平总书记专门强调,要深入推进风腐同查同治,坚持正风肃纪反腐相贯通,以"同查"严惩风腐交织问题,以"同治"铲除风腐共性根源。习近平总书记的重要讲话,不仅是针对风腐一体化本质特征作出的科学决策,更是为铲除腐败滋生土壤和条件指明了实践路径。深入学习领会习近平总书记重要讲话精神和全会部署,必须始终保持反腐败高压态势,深入推进风腐同查同治,一体推进整饬作风、惩治腐败问题,切实把中央八项规定作为铁规矩、硬杠杠,严肃查处顶风违纪、隐形变异的"四风"问题,标本兼治铲除风腐问题滋生的土壤和条件,不断提升作风建设和反腐败斗争治理效能。

不正之风和腐败问题互为表里、同根同源,坚持风腐同查同治、严惩风腐交织问题是新时代反腐败斗争的重要战略部署,体现了党中央对反腐败斗争规律的深刻把握。不正之风与腐败问题具有同源性、共生性、互联性。从近年查处的一些案件看,许多腐败分子的堕落轨迹,往往是从享受一顿好饭、一瓶好酒、一盒好烟开始,到收受一个红包、一份土特产品,再到接受一次人情托请、尝试一次公权私用,在"温水煮青蛙"的潜移默化中，逐步失去定力、渐渐丧失原则、慢慢突破底线，最终不可避免地滑向了腐败深渊，走向了违法犯罪的不归路。形式主义、官僚主义、享乐主义、奢靡之风等不正之风，不仅损害了党和国家事业，侵害了人民群众利益，更为腐败滋生提供了温床，助长了腐败现象的多发易发高发。基于对由风到腐规律演变的深刻认识，2024 年 1 月，二十届中央纪委三次全会提出，健全风腐同查同治工作机制，既"由风查腐"又"由腐纠风"。2024 年 7 月，党的二十届三中全会提出，健全不正之风和腐败问题同查同治机制。2025 年 1 月，二十届中央纪委四次全会提出，健全不正之风和腐败问题同查同治机制，着力推动正风反腐一体深化。

风腐同查同治是一项系统工程，体现了系统治理、综合治理、依法治理、源头治理思维，需要持之以恒、坚持不懈，绵绵发力、久久为功。这一治理理念将作风建设与反腐败斗争有机结合，既抓早抓小、防微杜渐又重拳出击、惩治腐败，既关注当下又着眼未来，既治标又治本，是我们加强作风建设、打赢反腐败斗争、建设廉洁政治的必由之路。建立风腐同查机制，要健全作风建设长效机制，细化落实中央八项规定精神的具体措施，强化对权力运行的制约和监督，及时发现苗头性、倾向性问题，实现由风及腐的精准识别和有效阻断。同时，要加大审查监督力度，细查腐败背后的享乐奢靡等作风问题，发挥由腐纠风的系统施治和典型案例的警示教育作用，推动形成不敢腐、不能腐、不想腐的体制机制。反对腐败是推动中国式现代化行稳致远的重要保障。只有坚持正风肃纪反腐相贯通，以风腐同查同治纵深推进反腐败斗争，以一体深化正风反腐营造风清气正的政治生态和干事创业的良好氛围，以全面从严治党新成效为推进中国式现代化提供坚强保障，才能从根本上铲除腐败滋生的土壤和条件，永葆党的肌体健康、先进纯洁，使我们党始终成为全国人民的主心骨，引领保障中国式现代化行稳致远。

目　录

第一讲

驰而不息加强党的作风建设

· · · · · ·

党的作风就是党的形象。作风问题本质上是党性问题，作风问题的核心是党同人民群众的关系问题，作风建设是党的建设的重要组成部分。我们党之所以能团结带领人民取得了革命、建设、改革的伟大成就，很重要的一条就是我们党在长期实践中培育并坚持了一整套光荣传统和优良作风。这些光荣传统和优良作风是我们党性质和宗旨的集中体现，是我们党区别于其他政党的显著标志。党要得到人民群众支持和拥护，就必须持之以恒发扬党的光荣传统和优良作风，以更高的标准、更严的要求，转作风、塑形象、促发展，以自身的行动和作风带动全党全社会风气根本好转，向党和人民交上一份满意的答卷。

一、作风体现着党风政风社风

　　作风，是一个常见常用的概念。从语义学上看，"作"就是作为、行为，"风"就是风气、风尚，合在一起，作风就是指一个人或一个群体在思想上、学习上、工作上、生活上等方面一以贯之表现出来的态度和做法。作风是世界观、人生观、价值观的直接反映，是品性修养、思想素质、道德境界的具体体现，对社会及其成员的思想和行动具有潜移默化的重要影响，形塑着和改变着这个社会的政治生态、精神状态、社会心态、生活形态。实践证明，一个人的成长，成在作风，败也在作风；一个领导的威信，高在作风，低也在作风；一个单位的发展，快在作风，慢也在作风；一个政党的形象，好在作风，坏也在作风；一个国家的命运，兴在作风，衰也在作风。

　　党的作风即党风，是特指中国共产党在思想、工作、学习和生活等方面表现出来的态度或行为，包括思想作风、工作作风、领导作风、生活作风以及学风、文风、会风等。党的作风关系党的形象，关系人心向背，关系党的生死存亡。作为党的形象的集中体现，党的作风是评判党群干群关系的试金石，是观察人心得失民心向背的晴雨表，是引领党的前途命运的风向标。党的作风好，人民就会支持我们党，党和人民就能同甘共苦、打成一片；党的作风不好，人民就会远离我们党，我们党就会脱离群众、失去力量源泉。因而，作风问题本质上是党性问题，是直接关系到能否忠诚党的信仰、践行党的宗旨的重大根本问题，是直接关系到能否密切联系群众、保持党和人民的血肉联系、巩固党的执政基础和群众基础的重大政治问题，是直接关系到能否不忘党的初心、牢记党的使命、实现中华民族伟大复兴的重大实践问题。

作风问题无小事。作风问题关乎党性、关乎政风，关乎人心、关乎民意。党员干部的作风其实是党风政风社风的集中体现。党员干部作风不过关、不过硬，会直接给党风政风社风带来巨大的影响，进而给党的形象、政府公信力、社会发展带来严重的危害。冰冻三尺非一日之寒，作风养成也非一日之功，解决作风问题也不会一蹴而就、一劳永逸。只有常抓不懈、扭住不放，日积月累、久久为功，作风建设才能真正严起来、实起来。

从党的发展历程来看，作风建设像一条红线，贯穿了中国共产党百年发展的全过程。从"三大纪律""八项注意"，到"三大作风""两个务必"，再到"中央八项规定""六大纪律"，从1942年延安整风运动到1950年整风运动、1957年整风运动，再到1983年全面整党、1995年"三讲"党性党风教育、2005年保持共产党员先进性教育活动，再到2013年党的群众路线教育实践活动、2024年的党纪学习教育、2025年的深入贯彻中央八项规定精神学习教育，100多年来，我们党已先后开展过10余次大规模整风运动。历史和实践充分证明，什么时候干部作风抓得好，什么时候党同人民群众的联系就越紧密，党执政的阶级基础和群众基础就越巩固。党的十八大以来，以习近平同志为核心的党中央高度重视加强党的自身建设，着力推进党的建设新的伟大工程，党的各项建设尤其是作风建设取得了显著成效。但同时我们也应当清醒地认识到，我们党面临的"四大考验""四种危险"是长期的、尖锐的、复杂的、严峻的。在开启全面建设社会主义现代化国家新征程中，我们要做到不忘初心、牢记使命，以史为鉴、开创未来，就必须敢于刀刃向内、敢于刮骨疗伤、敢于壮士断腕，特别是在"船到中流浪更急、人到半山路更陡"的关键时期，更要传承和发扬党的光荣传统和优良作风，牢记"为了谁、依靠谁、我是谁"，切实做到为了人民、依靠人民、全心全意服务人民。

欲明大道，必先学史。在历史上，我们党历来高度重视党的作风，特别是在重大历史转折时期更加突出强调作风建设，为取得革命、建设和改革的胜利提供强有力的政治保证。土地革命时期，革命根据地是党的优良作风重要发源地，毛泽东同志等领导人以身作则，与百姓同吃、同住、同劳动，与群众"有盐同咸，无盐同淡"，为我们党树立了良好的形象、培育了优良的作风，为我们革命事业的开展奠定了坚实的群众基础。抗日战争时期，毛泽东同志先后作了《改造我们的学习》《整顿党的作风》和《反对党八股》的报告，号召全党反对主观主义以整顿学风、反对宗派主义以整顿党风、反对党八股以整顿文风，通过延安整风运动，全党达到空前的团结和统一，为夺取抗日战争和民主革命的胜利奠定了思想基础。新中国成立后，为了加强和改进党的作风建设，我们党专门建立了中央及各级党的纪律检查委员会。1950年、1957年，在全党开展大规模整风运动，重点是整顿各级领导干部的作风，解决党群关系方面存在的主观主义、官僚主义和宗派主义等突出问题。改革开放以后，我们党高度重视党性教育、党风建设，深刻指出执政党的党风问题关系到党的生死存亡，并在全党开展保持共产党员先进性教育活动和深入学习实践科学发展观活动。党的十八大以后，我们党始终把作风建设摆在突出位置，就加强作风建设作出一系列重大决策部署。从制定中央八项规定，到党的群众路线教育实践活动、"三严三实"专题教育，再到"两学一做"学习教育、"不忘初心、牢记使命"主题教育、党史学习教育，学习贯彻习近平新时代中国特色社会主义思想主题教育、党纪学习教育、2025 年的深入贯彻中央八项规定精神学习教育等，帮助广大党员干部进一步加强党性教育，牢记党的光荣传统，传承党的优良作风。

求木之长者，必固其根本；欲流之远者，必浚其泉源。2018 年 7 月 3 日，习近平总书记在全国组织工作会议上指出，党的十八大以来，我们推进全面从严治党取得了显著成效，但还远未到大功告成的时候。我们党面临的"四大考验"、"四种危险"是长期的、尖锐的，影响党的先进性、弱化党的纯洁性的因素也是复杂的，党内存在的思想不纯、政治不纯、组织不纯、作风不纯等突出问题尚未得到根本解决。一些老问题反弹回潮的因素依然存在，实践中还在出现一些新情况新问题。在党员、干部队伍中，有的不守政治纪律和政治规矩，妄议中央大政方针，当面一套、背后一套，当两面派、做两面人；有的理想信念"总开关"常年失修，对共产主义心存怀疑，不信马列信鬼神，世界观、人生观、价值观全面蜕变；有的干事创业精气神不够，不担当、不作为，奉行"既不落后头，也不出风头"，怕决策失误，不敢拍板定事，干工作推诿拖延；有的热衷于搞"小圈子"、"拜码头"、"搭天线"；有的反对形式主义、官僚主义、享乐主义和奢靡之风不坚决、不彻底，耍花样，搞变通；有的不顾党中央三令五申，依然不收敛、不收手，以权谋私、腐败堕落；有的基层党组织政治功能不强，弱化、虚化、边缘化问题没有解决；有的地方人才队伍发展不平衡不充分、创新创造活力不强，有的引才不切实际，贪大、贪高、贪洋；有的地方和单位管党治党意识不强，履行管党治党政治责任不到位，甚至不愿不屑抓党建，等等。这些问题，严重破坏党的团结和集中统一，严重影响党和人民事业发展。①

2021年3月1日，习近平总书记在2021年春季学期中央党校（国家行政学院）中青年干部培训班开班式上发表重要讲话强调，我们党团结带领人民取得了革命、建设、改革的伟大成就，很重要的一条就是我们党在长期实践中培育并坚持了一整套光荣传统和优良作风。这些光荣传统和优良作风是我们党性质和宗旨的集中体现，是我们党区别于其他政党的显著标志。党要得到人民群众支持和拥护，就必须持之以恒发扬党的光荣传统和优良作风。②风险越大、挑战越多、任务越重，越要加强党的作风建设，以好的作风振奋精神、激发斗志、树立形象、赢得民心。党员干部特别是年轻干部是党和国家事业的生力军、接班人，必须立志做党的光荣传统和优良作风的忠实传人，深入学习习近平新时代中国特色社会主义思想，深刻感悟党的创新理论的真理力量，切实增强学习和发扬党的光荣传统和优良作风的政治自觉、思想自觉、行动自觉，为全面建设社会主义现代化国家、实现中华民族伟大复兴的中国梦而不懈奋斗。

---

① 《习近平著作选读》（第二卷），人民出版社2023年版，第189-190页。

② 《习近平在中央党校（国家行政学院）中青年干部培训班开班式上发表重要讲话强调立志做党光荣传统和优良作风的忠实传人　在新时代新征程中奋勇争先建功立业》，《人民日报》2021年03月02日。

作风建设只有进行时，没有完成时，必须常抓不懈、紧盯不放，越到紧要关头越不能有丝毫松懈。共产党员特别是党员领导干部要以身作则、以上率下，把落实中央八项规定精神化作自觉行动，以滚石上山的劲头、爬坡过坎的勇气，持之以恒克服形式主义、官僚主义，久久为功祛除享乐主义、奢靡之风，最终实现弊绝风清、海晏河清。新时代要有新气象，更要有新作为。共产党员必须以光荣传统立德铸魂，以良好作风凝心聚力，以奋斗姿态干事创业，不断在新征程上夺取新胜利、续写新篇章。

二、坚持党性党风党纪一起抓

党的作风就是党的形象。作风问题的本质是党性问题，作风问题的核心是党同人民群众的关系问题。对一个政党来说，政党的作风对全体党员来说是一种导向，也是一种氛围，反映党的性质、体现党的宗旨，展现党的形象、展示党员风貌，影响工作成效、决定事业发展。人们常说："千金难买好风气，清风正气胜千金"；"苦不怕累不怕，就怕工作风气差"。一个政党、政权的生死存亡、兴衰成败，不在于其执政时间有多长，不在于党员数量有多少，关键在于这个政党的风气正不正、作风好不好。只要风气好、人心齐、干劲足，即使是人数不多的小党，也会逐渐从小变大、从弱变强、蓬勃发展。相反，如果风气不正、人心不齐、干劲不足，那这个政党哪怕党员数量再多，也终究会一盘散沙、分崩离析。实践证明，政党的作风是一种生态，是一种文化，是一种软实力，具有至关重要的涵养熏陶作用。政党的风气好则人和事顺，风清气正，人人都是受益者；政党的风气不好则钩心斗角，乌烟瘴气，人人都是受害人。

　　中国共产党是中国工人阶级的先锋队，同时是中国人民和中华民族的先锋队，是具有崇高奋斗目标、坚定理想信念的新型社会主义政党。作为执政党，我们党是中国特色社会主义事业的领导核心，代表中国最广大人民的根本利益。党的作风即党风，是党的性质、宗旨、纲领、路线的重要体现，也是我们党区别于其他政党的显著标志。保持良好的作风是牢记党的初心使命、实践党的宗旨的必然要求，也是保持党的先进性和纯洁性的必然要求。共产党人保持忠诚老实、光明坦荡、公道正派、实事求是、艰苦奋斗、清正廉洁的优良作风，既是践行党的性质和宗旨的具体体现，也是保持党的先进性和纯洁性的具体要求，更是党员干部必须坚守的基本准则。

　　共产党人不仅是全面建设社会主义现代化国家的领导核心和中坚力量，同时还是党和国家各项事业、各项工作的带头人和领路人。共产党的作风、共产党员的作风往往是民风、政风、社风的风向标。一名党员就是一面鲜红的旗帜，身为先锋模范，共产党员的一言一行、一举一动在人民群众中都有着重要的引领示范作用。因此，作风问题绝不是小枝小节问题，而是重要的大是大非问题。党的作风要通过各级党组织和广大共产党员特别是党员干部的作用来表现，党员的作风直接与党的凝聚力和战斗力联系在一起，与党在人民心目中的形象和威信联系在一起，与民心得失、人心向背联系在一起。作为执政党，共产党员的作风状况如何，既是衡量我们党是否具有坚强有力的执政能力、能否始终保持先进性和纯洁性的重要标志，也是人民群众评判我们党是否值得信赖拥护、能否合格执政的重要标准。在这个意义上说，党性是党风的内在根据，党风是党性的外在表现，党风和党性相互影响、相互作用。党性纯洁则党风端正，党性不纯则党风不正。共产党员要自觉增强党性修养，不忘入党初心、牢记入党誓词，继承和弘扬党的光荣传统和优良作风，始终保持共产党人的政治本色。

党的作风问题的核心是党同人民群众的关系问题。人民立场是党的根本政治立场，群众路线是党的生命线，是中国共产党的革命胜利之基、执政之基。毛泽东同志曾说："党群关系好比鱼水关系，共产党是鱼，老百姓是水；水里可以没有鱼，鱼可是永远也离不开水啊！"同呼吸、共命运、心连心的"鱼水关系"体现了我们党密切联系群众的优良作风。作风问题反映在党员干部身上就是对待人民群众的态度问题，必须始终把密切党同人民群众的血肉联系作为作风建设工作的核心。在党群关系上，习近平同志曾明确提出"两个不配"的重要判断："一个党员，如果与群众的距离远了，就与党拉开了距离；心中没有群众，就不配再做共产党员。"① "如果不把人民群众当主人，不愿躬身做'仆人'，那就不配当一名领导干部。"② 这里习近平同志强调的是党员要与群众建立你中有我、我中有你的"鱼水关系"，不能与群众形成浮于表面、走形不走心的"油水关系"，也不可搞成需要群众则来、不需要群众则走的"蛙水关系"，更不可搞成损害群众利益、造成严重对立的"水火关系"。保持水乳交融的鱼水关系要求党员干部必须以民心为镜、以民意为尺、以民情为秤，坚持以百姓心为心、为百姓事谋事，坚定不移把民之所思、民之所盼、民之所需作为工作重心，多施惠民之举、多办便民之事、多解利民之忧，在感情上融入群众，在行动上依靠群众，做到与群众"有盐同咸、无盐同淡"。

党的作风建设是党的建设的重要内容，目的是通过端正党员干部

---

① 习近平：《之江新语》，浙江人民出版社2007年版，第139页。

② 习近平：《之江新语》，浙江人民出版社2007年版，第257页。

和党的各级党组织工作作风、思想作风、领导作风、生活作风和学习作风，来树立与党的性质、宗旨相适应的良好风气、优良作风。我们党历来重视加强作风建设。建党之初，党就把作风建设作为党的建设的重要内容，作风不仅是党员个人的形象，更是党组织的整体形象，它包括工作、思想、组织、生活、领导等各方面作风。党的七大明确提出了党的三大作风：理论和实践相结合的作风，和人民群众紧密联系在一起的作风以及自我批评的作风。党的七届二中全会明确提出全党同志在胜利面前，必须警惕骄傲自满情绪，警惕资产阶级"糖衣炮弹"的进攻，"务必使同志们继续地保持谦虚、谨慎、不骄、不躁的作风，务必使同志们继续地保持艰苦奋斗的作风。"[①]

党的十八大以来，以习近平同志为核心的党中央高度重视作风建设，将作风建设作为新时代党的建设总体布局的重要内容，纳入全面从严治党战略布局，对于进一步加强党的作风建设、做好党风廉政建设工作具有非常重要的指导意义。习近平总书记指出，新形势下，我们党面临着许多严峻挑战，党内存在着许多亟待解决的问题，尤其是一些党员干部中发生的贪污腐败、脱离群众、形式主义、官僚主义等问题，必须下大气力解决。全党必须警醒起来。打铁还需自身硬。我们的责任，就是同全党同志一道，坚持党要管党、从严治党，切实解决自身存在的突出问题，切实改进工作作风，密切联系群众，使我们党始终成为中国特色社会主义事业的坚强领导核心。这个重大责任，就是对民族的责任，对人民的责任，对党的责任。人民对美好生活的向往，就是我们的奋斗目标。责任重于泰山，事业任重道远。我们一

---

① 《毛泽东选集》（第四卷），人民出版社1991年版，第1438-1439页。

定要始终与人民心心相印、与人民同甘共苦、与人民团结奋斗，夙夜在公，勤勉工作，努力向历史、向人民交出一份合格的答卷。①

在党的十九大上，习近平总书记指出，中国特色社会主义进入新时代，我们党一定要有新气象新作为。打铁必须自身硬。党要团结带领人民进行伟大斗争、推进伟大事业、实现伟大梦想，必须毫不动摇坚持和完善党的领导，毫不动摇把党建设得更加坚强有力。新时代党的建设总要求是：坚持和加强党的全面领导，坚持党要管党、全面从严治党，以加强党的长期执政能力建设、先进性和纯洁性建设为主线，以党的政治建设为统领，以坚定理想信念宗旨为根基，以调动全党积极性、主动性、创造性为着力点，全面推进党的政治建设、思想建设、组织建设、作风建设、纪律建设，把制度建设贯穿其中，深入推进反腐败斗争，不断提高党的建设质量，把党建设成为始终走在时代前列、人民衷心拥护、勇于自我革命、经得起各种风浪考验、朝气蓬勃的马克思主义执政党。②

在党的二十大上，习近平总书记进一步强调，坚持以严的基调强化正风肃纪。党风问题关系执政党的生死存亡。弘扬党的光荣传统和优良作风，促进党员干部特别是领导干部带头深入调查研究，扑下身子干实事、谋实招、求实效。锲而不舍落实中央八项规定精神，抓住"关键少数"以上率下，持续深化纠治"四风"，重点纠治形式主义、官僚主义，坚决破除特权思想和特权行为。把握作风建设地区性、行业性、阶段性特点，抓住普遍发生、反复出现的问题深化整治，推进

---

① 《习近平谈治国理政》，外文出版社 2014 年版，第 5 页。

② 习近平：《决胜全面建成小康社会　夺取新时代中国特色社会主义伟大胜利——在中国共产党第十九次全国代表大会上的报告》，《人民日报》2017 年 10 月 28 日。

作风建设常态化长效化。①

2024 年 7 月 18 日，党的二十届三中全会通过的《中共中央关于进一步全面深化改革、推进中国式现代化的决定》，在对"深入推进党风廉政建设和反腐败斗争"作出部署时强调，完善一体推进不敢腐、不能腐、不想腐工作机制，着力铲除腐败滋生的土壤和条件。健全不正之风和腐败问题同查同治机制，深化整治权力集中、资金密集、资源富集领域腐败，严肃查处政商勾连破坏政治生态和经济发展环境问题，完善对重点行贿人的联合惩戒机制，丰富防治新型腐败和隐性腐败的有效办法。加强诬告行为治理。健全追逃防逃追赃机制。加强新时代廉洁文化建设。

从性质和地位上看，在新时代党的建设总布局中，作风建设是党的建设不可或缺的重要内容，是党的建设有机整体的重要组成部分。党中央提出了"正风肃纪反腐"的作风建设要求，成为我们加强作风建设的实践指南和行动纲领。我们党来自人民、植根人民、服务人民，一旦脱离群众，就会失去生命力。加强作风建设，必须紧紧围绕保持党同人民群众的血肉联系，增强群众观念和群众感情，不断厚植党执政的群众基础。凡是群众反映强烈的问题都要严肃认真对待，凡是损害群众利益的行为都要坚决纠正。坚持以上率下，巩固拓展落实中央八项规定精神成果，继续整治"四风"问题，坚决反对特权思想和特权现象。重点强化政治纪律和组织纪律，带动廉洁纪律、群众纪律、工作纪律、生活纪律严起来。坚持开展批评和自我批评，坚持惩前毖后、治病救人，运用监督执纪"四种形态"，抓早抓小、防微杜渐。

---

① 习近平：《高举中国特色社会主义伟大旗帜　为全面建设社会主义现代化国家而团结奋斗——在中国共产党第二十次全国代表大会上的报告》，《人民日报》2022 年 10 月 26 日。

赋予有干部管理权限的党组相应纪律处分权限，强化监督执纪问责。加强纪律教育，强化纪律执行，让党员、干部知敬畏、存戒惧、守底线，习惯在受监督和约束的环境中工作生活。[①]

坚强的党性、优良的作风、严明的纪律是中国共产党的鲜明特点。一体推进不敢腐、不能腐、不想腐，坚持党性党风党纪一起抓，坚持纠树并举、破立并进，健全作风建设长效机制，涵养求真务实、清正廉洁的新风正气。党性、党风、党纪是有机整体，党性是根本，党风是表现，党纪是保障。在深入推进新时代党的建设新的伟大工程中，必须深刻把握三者关系，坚持党性党风党纪一起抓，一体推进锤炼党性、纯洁党风、严明党纪，惩治震慑、制度约束、提高觉悟一体发力，引导党员干部从思想上固本培元，提高党性觉悟，增强拒腐防变能力，持续放大标本兼治的综合效能，为推进党的伟大事业提供坚强政治保证。作风建设是一项系统工程，一方面，要善于运用"全周期管理"方式，突出全要素、全流程，使"三不腐"各项措施在政策取向上相互配合、实施过程中相互促进、工作成效上相得益彰；另一方面，要加强廉洁文化建设，着力建设廉洁机关、廉洁学校、廉洁医院、廉洁企业、廉洁村社等，以优良党风凝聚人心、引领社会风气，切实把加强作风建设与推进廉洁文化建设贯通起来，把纠"四风"与树新风结合起来，探索创新弘扬新风正气的有效载体和手段，让求真务实、清正廉洁的新风正气不断充盈。

---

① 习近平：《决胜全面建成小康社会　夺取新时代中国特色社会主义伟大胜利——在中国共产党第十九次全国代表大会上的报告》，《人民日报》2017 年 10 月 28 日。

三、作风建设只有进行时没有完成时

作风建设永远在路上，永远没有休止符。①"己不正，焉能正人。"作风建设是一项长期的、复杂的、艰巨的任务，只有进行时，没有完成时。作风问题具有反复性和顽固性，不可能一蹴而就、毕其功于一役，更不能一阵风、刮一下就停，必须常抓不懈、警钟长鸣，以抓石留印、抓铁有痕的劲头，持续用力，久久为功。关键就在"常""长"二字，一个是要经常抓，一个是要长期抓。作风建设是攻坚战，也是持久战。这么多年，作风问题我们一直在抓，但很多问题不仅没有解决、反而愈演愈烈，一些不良作风像割韭菜一样，割了一茬长一茬。症结就在于对作风问题的顽固性和反复性估计不足，缺乏常抓的韧劲、严抓的耐心，缺乏管长远、固根本的制度。反"四风"的实践说明，抓和不抓大不一样，真抓和假抓大不一样，严抓和松抓也大不一样。②

① 中共中央党史和文献研究院：《习近平关于加强党的作风建设论述摘编》，中央文献出版社 2025 年版，第 179 页。

② 习近平：《在党的群众路线教育实践活动总结大会上的讲话》，《人民日报》2014 年 10 月 09 日。

逆水行舟，一篙不可放缓；滴水穿石，一滴不可弃滞。作风建设必须锲而不舍、常抓不懈；必须抓常、抓细、抓长，持续努力、久久为功；必须以最严格的标准、严厉的举措治理作风问题，打好攻坚战、持久战。一方面，从历史的角度看，我们党历来高度重视作风建设，党的事业每前进一步，党的作风建设就推进一步。比如"三大法宝""三大作风""三大纪律八项注意"。毛泽东同志当年提出"为人民服务"时，有人说字数太少了，我们党根本的宗旨怎么用五个字概括呢？毛泽东同志说，超过10个字普通群众就记不住了，五个字少了，那我再加四个字，就叫全心全意为人民服务。毛泽东同志对党的宗旨的凝练，应该说是非常独到的。习近平总书记提出的遵守"八项规定"、反对"四风"、践行"三严三实"、坚持"三个务必"等，则是针对新时代党员、干部加强和改进作风建设行为准则的高度凝练，可以说是对党的光荣传统和优良作风的忠实传承。另一方面，从宏观发展形势看。改革开放以来，中国的成就举世公认，但我们党也面临着许多严峻挑战，党内存在着许多亟待解决的问题。尤其是一些党员干部中发生的贪污腐败、脱离群众、形式主义、官僚主义等问题，必须下大气力解决。这些问题有一个思想作风的根源，就是"严"和"实"不够，失之于宽、失之于软、失之于虚。应该说，从群众路线教育实践活动，到"三严三实"，再到"不忘初心、牢记使命"主题教育、党史学习教育、学习贯彻习近平新时代中国特色主义思想主题教育、党纪学习教育、中央八项规定精神学习教育，党的十八大以来，正风肃纪始终保持高压态势，"四风"得到遏制、作风持续好转。但广大干部群众最担心的是问题反弹、雨过地皮湿、活动一阵风，最盼望的是形成常态化、常抓不懈、保持长效，必须以锲而不舍、驰而不息的决心和毅力，把作风建设不断引向深入，把当前作风转变的好势头保持下去，使作风建设要求真正落地生根。为此，党的十九届四中全会提出要建立"不忘初心、牢记使命"的制度，把作风建设良好的态势保持和发展下去，使好的作风成为党员干部的思想自觉和行为习惯。因为，作风建设永远在路上，永远没有休止符，必须抓常、抓细、抓长，持续努力、久久为功。

抓常，就是要经常抓、见常态。作风建设贵在常抓不懈，时刻摆上重要位置、有机融入日常工作，做到管事就管人，管人就管思想、管作风。作风问题具有顽固性和反复性，抓一抓有好转，松一松就反弹。有人担心，中央八项规定执行起来会不会是一阵风，或者是流于形式，这种担心不是没有道理的。能不能打消干部群众的这个疑问，关键看我们怎么做。发布中央八项规定只是开端、只是破题，还需要下很大功夫来落实。要让全党全体人民来监督，让人民群众不断看到实实在在的成效和变化。后续工作要不断跟上，坚决防止走过场、一阵风，切实做到一抓到底、善始善终。抓而不紧，抓而不实，抓而不常，等于白抓。关键是要抓住制度建设这个重点，以完善公务接待、财务预算和审计、考核问责、监督保障等制度为抓手，努力建立健全立体式、全方位的制度体系，以刚性的制度约束、严格的制度执行、强有力的监督检查、严厉的惩戒机制，切实遏制公款消费中的各种违规违纪违法现象。

抓细，就是要深入抓、见实招，重在抓细节，必须环环抓。天下大事，必作于细。细节决定成败。"不矜细行，终累大德。"各级干部要从我做起、从小事做起，带头坚守正道、弘扬正气，努力营造良好从政环境。要紧紧盯住作风领域出现的新变化新问题，及时跟进相应的对策措施，做到掌握情况不迟钝、解决问题不拖延、化解矛盾不积压，谁以身试法就要坚决纠正和查处。要从解决"四风"问题延伸开去，努力改进思想作风、工作作风、领导作风、干部生活作风，努力改进学风、文风、会风，加强治本工作，使党员、干部不仅不敢沾染歪风邪气，而且不能、不想沾染歪风邪气，使党的作风全面纯洁起来。

抓长，就是要持久抓、见长效。作风问题必须抓长、长抓，扭住不放，持之以恒，久久为功。既要用铁的纪律整治各种面上的顶风违纪行为，更要睁大火眼金睛，任凭不正之风"七十二变"，也要把它们揪出来，有多少就处理多少。对此，必须要有钉钉子的精神，钉钉子往往不是一锤子就能钉好的，而是要一锤一锤接着敲。如果东一榔头西一棒子，结果很可能是一颗钉子都钉不上、钉不牢。要树立正确政绩观，多做打基础、利长远的事。作风建设永远在路上，就必须把作风建设作为党要管党、从严治党的永恒课题。要把群众是否满意，作为检验加强作风建设成效的根本标准。坚持从群众所思所盼的地方做起、从群众所恨所痛的地方改起，发现什么问题，就解决什么问题，从现在做起、从自身做起、从我做起，马上就改，让群众看得见、感受得到、内心认同，让群众看到作风转变的真正效果。空谈误国，实干兴邦。全体党员要坚持问题导向，说实话、办实事，求实务实、苦干实干，发扬钉钉子精神，矛盾面前不躲闪，挑战面前不畏惧，困难面前不退缩，对定下来的事情，一张蓝图绘到底、咬定青山不放松，持续用力，久久为功，做好埋头苦干的真把式，确保上级决策、本级部署、下级执行真正落地落实。

第二讲

锲而不舍落实中央八项规定精神

• • • • • •

中央八项规定是改进作风的切入口和动员令，必须把中央八项规定作为铁规矩、硬杠杠，严肃查处顶风违纪、隐形变异的"四风"问题，深刻把握不正之风和腐败问题相互交织的规律，清醒认识作风问题的顽固性和反复性，清醒认识反腐败斗争的长期性、复杂性、艰巨性，精准施治、久久为功，锲而不舍落实中央八项规定精神，坚持正风肃纪反腐一起抓，不断提升作风建设和反腐败斗争治理效能。

一、必须把中央八项规定作为铁规矩、硬杠杠

中国共产党领导是中国特色社会主义最本质的特征，是中国特色社会主义制度的最大优势，也是实现中国式现代化的根本保障。经过一百多年来的艰苦奋斗，我们党团结带领全国各族人民，把贫穷落后的旧中国变成日益走向繁荣富强的新中国，中华民族伟大复兴展现出光明前景。当前，世情、国情、党情继续发生深刻变化，我们面临的发展机遇和风险挑战前所未有。新形势下，党面临的执政考验、改革开放考验、市场经济考验、外部环境考验是长期的、复杂的、严峻的，精神懈怠危险、能力不足危险、脱离群众危险、消极腐败危险更加尖锐地摆在全党面前。

事实反复证明，党的先进性和党的执政地位都不是一劳永逸、一成不变的，过去先进不等于现在先进，现在先进不等于永远先进；过去拥有不等于现在拥有，现在拥有不等于永远拥有。我们党长期执政是优势，但这容易使党员领导干部高枕无忧，放松党风建设。国外政党兴衰沉浮的诸多经验表明，一个政党如果不能经受住执政的考验、

不能有效解决自身存在的突出问题，垮台是迟早的事。一些党员干部受旧习惯的影响，"官本位"思想严重，作风方面存在较为突出的问题。比如，不思进取、得过且过，漠视群众、脱离实际，形式主义、官僚主义，弄虚作假、虚报浮夸，铺张浪费、贪图享受，以权谋私、骄奢淫逸。

党风影响了社会风气，现实中存在大量铺张浪费现象，背离了党艰苦奋斗的优良作风，比如，公款吃喝，公车乱用，城市建设乱规划，城市道路反复修筑，使用高耗能设备，建豪华办公楼，进行高标准职务消费。这些铺张浪费现象，带坏了社会风气，背离了党艰苦奋斗的优良作风，必须要认真加以解决。针对党员领导干部中日益明显的作风问题痼疾，中共中央政治局于 2012 年 12 月 4 日召开会议，审议通过了中央政治局关于改进工作作风、密切联系群众的中央八项规定，内容包括改进调查研究，精简会议活动，精简文件简报，规范出访活动，改进警卫工作，改进新闻报道，严格文稿发表，厉行勤俭节约。习近平总书记在会上指出，党风廉政建设，要从领导干部做起，领导干部首先要从中央领导做起。现在，有些形式主义、官僚主义的东西，有些铺张浪费、豪华奢侈的东西，上上下下都有些表现，不能安之若素、司空见惯、见怪不怪。作风建设最重要的是要抓好落实，言必行、行必果。对此，领导干部需要以上率下，以身作则，率先垂范。抓作风建设，首先要从中央政治局做起，要求别人做到的自己先要做到，要求别人不做的自己坚决不做，有效解决了作风建设的落实问题。

"上者，民之表也。表正，则何物不正？"中央政治局关于改进工作作风的表态，实际上是传达了党中央在党风廉政建设特别是作风建设方面要加强顶层设计的信号。中央政治局承诺"要从中央政治局做起，要求别人做到的自己先要做到，要求别人不做的自己坚决不做"，要求中央政治局委员起表率作用，这既是对工作做出的一项自上而下的政治承诺，也是对人民期待的正面回应。"中央八项规定"针对的都是现实问题，不仅有助于改进党风政风，而且也有助于从源头上遏制腐败，有助于领导干部将作风建设真正化为实际行动，体现了以习近平同志为核心的党中央亲民、为民的执政新风，显示了党中央整治沉疴顽疾的决心。不深入基层、不联系群众，将会导致决策失误，把党的事业引向歧途；工作作风有问题，将会脱离群众、忘记宗旨、走向腐败。2017年10月27日，党中央出台了《中共中央政治局贯彻落实中央八项规定的实施细则》，2022年10月25日，党中央又出台了《中共中央政治局贯彻落实中央八项规定实施细则》，对八项规定内容作了进一步规范、细化和完善。八项规定重在抓细节，抓问题，抓早抓小，以小见大，一个个具体问题的小切口打开了作风建设、全面从严治党的大格局。

从内容上看，中央八项规定主要是关于作风建设方面的要求，具体内容主要集中在以下八个方面。

1.要改进调查研究，到基层调研要深入了解真实情况，总结经验、研究问题、解决困难、指导工作，向群众学习、向实践学习，多同群众座谈，多同干部谈心，多商量讨论，多解剖典型，多到困难和矛盾集中、群众意见多的地方去，切忌走过场、搞形式主义；要轻车简从、减少陪同、简化接待，不张贴悬挂标语横幅，不安排群众迎送，不铺设迎宾地毯，不摆放花草，不安排宴请。

2.要精简会议活动，切实改进会风，严格控制以中央名义召开的各类全国性会议和举行的重大活动，不开泛泛部署工作和提要求的会，未经中央批准一律不出席各类剪彩、奠基活动和庆祝会、纪念会、表彰会、博览会、研讨会及各类论坛；提高会议实效，开短会、讲短话，力戒空话、套话。

3. 要精简文件简报，切实改进文风，没有实质内容、可发可不发的文件、简报一律不发。

4. 要规范出访活动，从外交工作大局需要出发合理安排出访活动，严格控制出访随行人员，严格按照规定乘坐交通工具，一般不安排中资机构、华侨华人、留学生代表等到机场迎送。

5. 要改进警卫工作，坚持有利于联系群众的原则，减少交通管制，一般情况下不得封路、不清场闭馆。

6. 要改进新闻报道，中央政治局同志出席会议和活动应根据工作需要、新闻价值、社会效果决定是否报道，进一步压缩报道的数量、字数、时长。

7. 要严格文稿发表，除中央统一安排外，个人不公开出版著作、讲话单行本，不发贺信、贺电，不题词、题字。

8. 要厉行勤俭节约，严格遵守廉洁从政有关规定，严格执行住房、车辆配备等有关工作和生活待遇的规定。

从以上内容可以看出，这"中央八项规定"本身其实就是改进工作作风的范本。无论是"轻车简从""不安排群众迎送""不铺设迎宾地毯""不出席各类剪彩、奠基活动""严格控制出访随行人员"的细致和坦率，还是"首先要从中央政治局做起""要求别人做到的自己先要做到"的真诚和坚定，中央领导集体以身体力行的方式，为端正党风政风率先垂范。"中央八项规定"是一个庄严承诺，体现了全面从严治党的新要求，反映出管党治党的新动向。改进工作作风，是对党风政风的整饬。文山会海，虚掷公共资源，迟滞工作效率，与高效廉洁的服务型政府建设大相背离。中央政治局出台的八项规定，针对的都是人民群众长期反映强烈的问题，展示了以习近平同志为核心的党中央的执政新姿态，是聚党心得民心之举。

中央八项规定出台以来，从人民群众反映强烈的违规公款吃喝、公款旅游、大办婚丧喜庆事宜、滥发钱物、出入私人会所等具体问题抓起，严肃整治"舌尖上的浪费""会所中的歪风""车轮上的铺张""节日中的腐败"，深入治理高档小区"一桌餐"、调研考察搭车旅游等隐形变异"四风"问题；从干部群众反映强烈的"文山会海"、检查考核过多过滥、调研搞形式走过场、群众办事难慢等具体问题抓起，严肃整治在贯彻落实中央重大决策部署中表态多调门高，打折扣、做选择、搞变通，搞华而不实、劳民伤财的"政绩工程""形象工程"，不担当、不作为、乱作为等问题，解决了许多过去认为不可能解决的问题，刹住了一些过去认为不可能刹住的歪风，攻克了一些司空见惯的顽瘴痼疾，开创了全面从严治党的新局面，为党和国家事业取得历史性成就、发生历史性变革发挥了开路先锋和保驾护航作用。

从中央八项规定出台以来，至 2018 年 10 月 31 日，全国共查处违反中央八项规定精神问题 254808 起，处理党员干部 349552 人，给予党纪政务处分 206428 人。2019 年全国共查处违反中央八项规定精神问题 136307 起，处理人数 194124 人，党纪政务处分 124723 人；2020 年全国共查处违反中央八项规定精神问题 136203 起，处理人数 197761 人，党纪政务处分 119224 人；2021 年，全国共查处违反中央八项规定精神问题 104223 起，批评教育帮助和处理 150362 人，其中党纪政务处分 101224 人；2022 年，全国共查处违反中央八项规定精神问题 95376 起，批评教育帮助和处理 141348 人，其中党纪政务处分 96756 人；2023 年，全国共查处违反中央八项规定精神问题 107547 起，批评教育和处理 153662 人，其中给予党纪政务处分 108695 人；2024 年，全国共查处违反中央八项规定精神问题 225275 起，批评教育和处理 312907 人，其中党纪政务处分 221369 人。特别是每逢元旦春节、五一端午、中秋国庆等重要节点，中央纪委国家监委均制定节日期间落实中央八项规定精神、整治"四风"工作方案，通过集中通报曝光、开设监督举报专区等形式，持续对纠"四风"打招呼、发信号、提要求；各级纪检监察机关遴选典型问题，点名道姓、公开曝光，持续释放正风肃纪的强烈信号，强化"不敢"的震慑。

实践中，一些地区和部门在重要节点期间主动出击，强化监督检查。有的协调财政、审计、税务等有关职能部门参加，上下联动、分工负责，加大节日期间检查力度；有的多管齐下、媒体跟进，采取快查快处等方式，及时发现违反中央八项规定精神问题，集中整治"四风"和隐形变异问题。紧盯节点、寸步不让，管出了习惯、抓出了成效，推动了干部作风持续向好。对查处的典型形式主义、官僚主义问题，要第一时间通报曝光，发挥警示教育作用。2018 年以来，中央纪委先后多次通报曝光各地的形式主义、官僚主义问题，对重点领域、重点问题，特别是对表态多调门高、行动少落实差等突出问题进行通报曝光。中央纪委国家监委网站已经连续 130 多个月定期通报全国违反中央八项规定精神问题情况。这一切释放出的从严从紧的强烈信号。

制定实施中央八项规定，是以习近平同志为核心的党中央在新时代的徙木立信之举，赢得了党心民心，厚植了执政根基。二十届中央纪委三次全会强调，突出常态长效深化落实中央八项规定精神，二十届中央纪委四次全会强调，以"同查"严惩风腐交织问题，锲而不舍落实中央八项规定精神，一严到底纠治"四风"，聚焦顶风违纪、隐形变异、严重影响市场秩序、加重基层负担等问题，强化监督、深化治理。对此，各级纪检监察机关要不断增强抓作风建设的政治自觉和使命担当，严守铁规矩、把住硬杠杠，坚决筑牢中央八项规定堤坝，推动纠治"四风"工作在坚持中深化、在巩固中拓展。

二、以中央八项规定为改进作风的切入口和动员令

2012 年 12 月 4 日，中央政治局召开会议，审议通过了《十八届中央政治局关于改进工作作风、密切联系群众的八项规定》，即"中央八项规定"。习近平总书记在中央政治局会议上指出，党风廉政建设，要从领导干部做起，领导干部首先要从中央领导做起。现在，有些形式主义、官僚主义的东西，有些铺张浪费、豪华奢侈的东西，上上下下都有些表现，不能安之若素、司空见惯、见怪不怪。习近平总书记强调，作风建设最重要的是要抓好落实，言必信、行必果。习近平总书记本人更是以上率下，以身作则，率先垂范，多次明确表示，抓作风建设，首先要从中央政治局做起，要求别人做到的自己先要做到，要求别人不做的自己坚决不做，有效解决了作风建设的落实问题。

2017 年 10 月 27 日，党的十九大闭幕不久，十九届中央政治局召开会议，研究部署学习宣传贯彻党的十九大精神，审议通过了一项重要文件——《中共中央政治局贯彻落实中央八项规定的实施细则》。

党的十九大闭幕后的第一次政治局会议，就研究进一步深化落实中央八项规定，既是对党的十九大新部署新要求的坚定贯彻，也向全党全社会释放了强烈信号：作风建设永远在路上，必须驰而不息改进作风，把全面从严治党向纵深推进。

2022年10月25日，二十届中央政治局第一次会议审议通过《中共中央政治局贯彻落实中央八项规定实施细则》。

作风建设永远在路上。贯彻执行中央八项规定是关系我们党会不会脱离群众，能不能长期执政、能不能很好履行执政使命的大问题。党的二十大对持之以恒正风肃纪作出新部署，我们必须坚持以上率下，巩固和拓展落实中央八项规定精神成果，坚持不懈改作风转作风，让党的作风全面好起来，确保党同人民想在一起、干在一起，始终保持党同人民群众的血肉联系。

中共中央政治局贯彻落实中央八项规定实施细则的主要内容如下。

一是关于改进调查研究方面的内容，主要包括：

1. 注重实际效果。安排中央政治局委员（含中央政治局常委，下同）到基层调研要紧紧围调研主题，实事求是地安排考查内容，为领导同志深入基层、深入群众、深入实际创造条件，既要到工作开展好的地方去总结经验，更要到困难较多、情况复杂、矛盾尖锐的地方去调研解决问题。在考察点上，要使领导同志有更多的自主活动，力求准确、全面、深入了解情况，防止调研工作走形式、走过场。中央政治局常委可结合分管工作听取省（自治区、直辖市）工作汇报，一般不召开全省（自治区、直辖市）性工作汇报会和由省级几个领导班子成员参加的会议。各考察点现场要真实，不能为迎接考察装修布置，更不能弄虚作假。汇报工作时要讲真话、报实情。

2. 减少陪同人员。中央政治局常委到地方考察调研，陪同的中央和国家机关有关部门负责同志不超过 5 人，省（自治区、直辖市）陪同的负责同志不超过 3 人；其他中央政治局委员到地方考察调研时，陪同的中央和国家机关有关部门负责同志不超过 2 人，省（自治区、直辖市）由 1 位负责同志陪同，省（自治区、直辖市）主要负责同志可不陪同。中央政治局委员到地方考察调研，不搞层层多人陪同，市（地、州、盟）、县（市、区、旗）只安排 1 位负责同志陪同；考察企事业单位和条条管理部门时，其在异地的上级单位和主管部门的负责同志不到现场陪同。

3. 简化接待工作。中央政治局委员在地方考察调研期间，不张贴悬挂横幅标语，不安排群众迎送，不铺设迎宾地毯，不摆放花草，不组织专场文艺表演，不安排超规格套房，一般不安排接见合影，不赠送各类纪念品或土特产，不安排宴请，不上高档菜肴，自助餐也要注意节俭。除工作需要外，不安排中央政治局委员到名胜古迹、风景区参观。中央政治局常委外出考察时根据工作需要可由空军安排飞机，也可乘坐民航飞机；其他中央政治局委员外出考察乘坐民航班机，如有特殊情况需要乘坐空军飞机，须经中央办公厅报中央批准。

4. 改进警卫工作。中央政治局委员的警卫工作，要坚持有利于联系群众的原则，实行内紧外松的警卫方式，减少扰民。中央政治局委员出行时要减少交通管制，不得封路。中央政治局委员如因工作需要前往名胜古迹、风景区考察，一律不得封山、封园、封路。在公务活动现场，要合理安排警力，尽可能缩小警戒控制范围，不清场闭馆，不得停止、限制正常的生产经营活动。警卫部门要根据中央关于改进工作作风、密切联系群众的要求，进一步修改完善有关安全警卫工作的具体规定，严格按照相关规定部署组织警卫工作，不得违反规定扩大警卫范围、提高警卫规格。

二是关于精简会议活动和文件简报方面的要求，主要包括：

5. 减少会议活动。各地区各部门要本着务实高效的原则，严格清理、切实减少各类会议活动，能不开的坚决不开，可以合并的坚决合并。各部门召开本系统全国性会议，每年不超过1次。未经中央批准，不在地方任职的中央政治局委员一律不出席各类剪彩、奠基活动和庆祝会、纪念会、表彰会、博览会、研讨会及各类论坛等，在地方任职的中央政治局委员出席上述活动也要从严掌握。要严格会议活动审批程序，以党中央、国务院名义召开的全国性会议和举行的重大活动，由中央办公厅、国务院办公厅统筹安排。中央各议事协调机构及其办公室、中央和国家机关各部门召开的全国性会议和举行的重要活动，须经中央办公厅、国务院办公厅审核后报批，涉外会议和重要活动还须送中央外办、外交部审核。

6. 控制会议活动规模和时间。严格控制各类会议活动规模，减少参加人员。各部门召开的全国性会议，只安排与会议内容密切相关的部门参加，人数不超过300人，时间不超过2天，不请各省（自治区、直辖市）党委和政府主要负责同志、分管负责同志出席。中央政治局常委不出席各部门召开的工作会议。要坚持开短会、讲短话，力戒空话、套话。各类会议活动不安排中央政治局委员接见会议代表并合影。

7. 提高会议活动效率和质量。各地区各部门要充分运用现代信息技术手段改进会议形式，提高会议效率。全国性会议可视情采用电视电话会议形式召开，在不涉密且技术条件允许的情况下，有的会议可直接开到基层。电视电话会议的主会场和分会场都要控制规模、简化形式，不请外地同志到主会场参会，各地分会场布置要因地制宜、精简节约。需要安排讨论的会议，要精心设置议题，充分安排讨论时间，提高讨论深度。中央政治局委员会见外宾的形式、地点可灵活安排，注重实效。

8.严格控制会议活动经费。各地区各部门举办会议活动，要严格执行有关规定，厉行节约，反对铺张浪费。严禁提高会议用餐、住宿标准，严禁组织高消费娱乐、健身活动。会议活动现场布置要简朴，工作会议一律不摆花草、不制作背景板。严禁以任何名义发放纪念品。

9.减少各类文件简报。凡国家法律法规和党内法规已作出明确规定的，一律不再制发文件。没有实质内容、可发可不发的文件简报，一律不发。由部门发文或部门联合发文能够解决的，不再由中共中央、国务院（含中央办公厅、国务院办公厅）转发或印发。未经党中央、国务院批准，中央和国家机关各部门、各议事协调机构不得向地方党委和政府发布指示性公文，不得要求地方党委和政府报文。各地区各部门要严格按程序报文，不得多头报文。各部门报送党中央、国务院的简报原则上只保留 1 种。各部门内设机构和下属单位的简报，一律不报送党中央、国务院。

10.提高文件简报的质量和时效。各地区各部门应严格按照中央办公厅、国务院办公厅的有关要求，对文件和简报资料的报送程序和格式进行规范，加强综合协调和审核把关，切实提高运转效率。文件要突出思想性、针对性和可操作性，严格控制篇幅；简报要重点反映重要动态、经验、问题和工作建议等内容，减少一般性工作情况汇报。各地区各部门要加快推进机关信息化建设，积极推广电子公文和二维条码应用，逐步实现文件和简报资料网络传输和网上办理，减少纸质文件和简报资料，降低运行成本，提高工作效率。

三是关于规范出访活动方面的内容，主要包括：

11. 合理安排出访。围绕外交工作需要合理制定年度出访总体方案，中央政治局委员每人每年出访不超过 1 次，时间不超过 10 天。中央政治局常委每次出访不超过 4 个国家（包括经停国家），其他中央政治局委员每次出访不超过 3 个国家（包括经停国家）。中央政治局常委同一期出访安排不超过 2 人；中共中央总书记、国务院总理根据工作需要安排出访，原则上不安排同期出访。出席全球性或地区性会议、双边和多边机制活动、外国执政党重要会议以及特殊情况需要出访的，另行报批。

12. 控制随行人员。严格根据工作需要安排陪同人员和工作人员，中共中央总书记、国务院总理出访，陪同人员（不含领导同志配偶和我驻往访国大使夫妇，下同）不超过 6 人，工作人员总数原则上不超过 50 人，其他中央政治局常委出访，陪同人员不超过 5 人，工作人员不超过 40 人；其他中央政治局委员出访，陪同人员不超过 4 人，工作人员不超过 16 人。出席全球性或地区性会议、双边机制性会晤活动，陪同人员根据实际需要经中央外办或外交部报中央批准。

13. 规范乘机安排。严格按照规定乘坐交通工具，中共中央总书记、国务院总理出访乘坐专机，其他中央政治局常委出访根据工作需要可乘坐民航包机或班机，如需乘坐民航包机，须经中央外办报中央批准；其他中央政治局委员出访乘坐民航班机，一律不乘坐民航包机。中央政治局委员一律不乘坐私人包机、企业包机和外国航空公司包机。

14. 简化机场迎送和接待工作。中央政治局常委出访抵离京时，可安排出访主办部门、中国民航局各 1 位负责同志到机场迎送，其他部门不安排负责同志前往迎送；其他中央政治局委员出访抵离京时，不安排有关部门负责同志前往机场迎送。中央政治局委员出访，各有关驻外使领馆不安排中资机构、华侨华人和留学生代表到机场迎送。驻外使领馆和其他驻外机构一律不得向代表团赠送礼品，外方所赠礼品应严格按国家有关规定处理。

15. 加强统筹协调。中央政治局委员出访，由中央外办商有关部门统筹安排，年度出访计划每年 1 月底前报中央批准，当年年中进行 1 次综合协调。年度出访计划和年中协调安排经中央批准后，有关单位原则上不再临时安排中央政治局委员出访。

四是关于改进新闻报道方面的内容，主要包括：

16. 简化中央政治局委员出席会议活动新闻报道。要根据工作需要、新闻价值、社会效果决定是否报道。出席一般性会议和活动不作报道。要按照精简务实、注重效果的原则，进一步压缩数量、字数和时长，有的可刊播简短消息，有的只报标题新闻。中央政治局委员新闻报道中的职务称谓根据会议活动主题内容确定，不必报道担任的全部职务。要遵循新闻传播规律，进一步优化中央政治局委员会议活动报道内容和结构，调整播发顺序，除涉及重大会议活动和重大事件外，一般可安排在报刊、电视的头条新闻之后，以突出民生和社会新闻，增强传播效果。除具有全局意义和重大影响的会议活动外，一般情况下不安排广播电视直播。除中共中央总书记外，其他中央政治局委员出席会议活动，中央电视台报道时不出同期声。

17. 精简全国性会议活动新闻报道。经中央批准举办的全国性会议活动，除中共中央总书记外，中央政治局常委出席的，文字稿不超过 1000 字，中央电视台新闻联播播出时间不超过 2 分钟；其他中央政治局委员出席的，文字稿不超过 500 字，中央电视台新闻联播不作报道，晚间新闻播出时间不超过 1 分钟，未经中央批准的不作报道。中央各类议事协调机构及其办公室召开的会议，原则上不作报道；特殊情况需作报道的，须报中央批准，字数和时长参照上述标准执行。

18. 规范中央政治局委员考察调研活动新闻报道。考察调研活动新闻报道要多反映群众关心的实质性内容，更好贴近实际、贴近生活、贴近群众。除中共中央总书记外，中央政治局常委考察调研时，随行中央媒体记者一般不超过 5 人，其中包括 2 名摄像记者、1 名编辑、1 名摄影记者和 1 名文字记者，地方媒体一般不派记者参加；中央媒体报道中央政治局常委考察调研活动，新华社发文字信息通稿不超过 1000 字，中央电视台新闻联播播出时间不超过 3 分钟，不刊发侧记、特写、综述等。其他中央政治局委员的考察调研活动如需公开报道，新华社发文字消息通稿不超过 800 字，可安排在中央电视台晚间新闻播出，时间不超过 1 分钟。

19. 简化治丧活动新闻报道。担任"四副两高"以上领导职务的领导同志逝世后，中央政治局委员出席遗体送别活动的，新华社消息稿中只列名报道中央政治局常委和曾担任中共中央总书记、国家主席、中央军委主席职务的同志名单，其他中央政治局委员不再列名。中共中央总书记出席可配发慰问亲属的照片，其他中央政治局委员一般不配发照片。中央电视台新闻联播可播出中央政治局常委和曾担任中共中央总书记、国家主席、中央军委主席职务的同志送别画面，不再播出其他中央政治局委员画面。省部级领导干部及社会知名人士逝世后，中央政治局委员出席遗体送别活动或以其他方式表示哀悼、慰问的，中央电视台不报道，新华社消息稿中不列名报道中央政治局委员名单。

20. 简化诞辰纪念活动新闻报道。曾任中央政治局常委职务的已故党和国家领导人的诞辰纪念活动，中央政治局常委出席并讲话的，文字稿不超过 1000 字，中央电视台新闻联播播出时间不超过 2 分钟，讲话全文另发，人民日报摘发座谈会发言；中共中央总书记出席的纪念活动，可适当放宽有关标准。曾任其他领导职务的已故党和国家领导人的诞辰纪念活动，中央政治局常委出席，中央有关领导同志出席并讲话的，文字稿不超过 300 字，中央电视台新闻联播播出时间不超过 1 分钟，讲话全文另发，人民日报不摘发座谈会发言。

21. 优化中央政治局委员外事活动新闻报道。提高外事报道针对性，增加信息量，减少一般性报道。中央政治局委员同日会见多批外宾或多位中央政治局委员同日分别会见同一批外宾，人民日报、中央电视台新闻联播、晚间新闻发一条综合消息，不单独报道每场会见。除中共中央总书记、国务院总理外，中央政治局委员出访，人民日报、中央电视台新闻联播每个国家综合报道 1 次，新闻消息稿不超过 1200 字，电视新闻时间不超过 3 分钟。除中共中央总书记外，其他中央政治局委员不发侧记、特写、综述等其他形式报道；其他中央政治局委员出访期间会见外国元首、政府首脑等活动可作报道，新闻消息稿不超过 500 字，不配发照片，可安排在中央电视台晚间新闻中播出，时间不超过 1 分钟，出访的其他活动一般不作报道。出访活动新闻报道的报纸截稿时间为凌晨 1 时，新闻联播截稿时间为 19 时 20 分，此后主要政治局委员的外事活动，可在次日安排报道。

22. 规范重大专项工作新闻报道。中央政治局委员受中央委托到地方指导特大抢险救灾、处理重大安全事故、处理重大突发事件等重大专项工作，在应急阶段，文字稿不超过 1000 字，中央电视台新闻联播节目播出时间不超过 2 分钟；上述专项工作转入常态后，中央电视台新闻联播节目一般只综合报道工作进展情况，不单独报道中央政治局委员参加活动或讲话，改由晚间新闻节目报道，文字稿不超过 500 字，晚间新闻播出时间不超过 1 分钟。

23. 规范其他新闻报道。经中央批准，中央政治局常委和从中央政治局常委职务上退下来的同志出版著作等作品，由新华社播发简短出版消息，字数不超过 200 字，中央电视台不作报道。除经中央批准的重大展览和文艺演出活动外，中央政治局委员参观展览、观看一般性文艺演出以及出席其他文艺活动，一律不作报道。中央政治局委员给部门、地方的指示、批示等一般不作报道。

24. 加强新闻报道统筹协调。探索运用网络等新手段加强中央主要领导同志与群众的直接联系。充分发挥中央职能部门的作用，中央政治局委员的新闻报道工作由中央宣传部负责统筹协调和日常管理，并督促指导中央新闻媒体落实有关规定。涉及中央重大会议活动的新闻报道工作，中央宣传部商中央办公厅统筹安排。领导同志处不直接向新闻单位就报道字数、时长、版面、画面等提出要求，有关要求可按中央规定，由中央宣传部向新闻单位提出或由新闻单位根据实际情况自行确定。从中央政治局常委职务上退下来、仍担任国家机构主要负责人的领导同志，新闻报道工作仍按原标准执行；如有特殊情况，由中央宣传部研究解决。

五是关于加强督促检查方面的内容，主要包括：

25. 改进工作作风、密切联系群众，关系党的形象，关系党和人民事业成败。各级党政机关和领导干部要坚持以人为本、执政为民，带头改进工作作风，带头深入基层调查研究，带头密切联系群众，带头解决实际问题。各地区各部门要严格按照本细则，结合实际情况，制定涵盖各级领导干部的更加具体、更便于操作的贯彻落实办法，狠抓落实，确保抓出成效。

26. 各地区各部门要严格执行本细则，每年年底对执行情况进行1次专项检查，并将检查结果分别报送中央办公厅、国务院办公厅。

27. 中央办公厅、国务院办公厅要定期督促检查，每年底通报执行情况，并向中央政治局常委会议、中央政治局会议汇报执行情况，对违反规定的要建议有关部门进行处理。各级纪检监察机关要把监督执行本细则作为改进党风政风的一项经常性工作来抓。审计部门每年要对各地区各部门会议活动等经费的使用情况进行审查。

28. 人大、政协、军队、人民团体机关参照本细则执行。

29. 本细则由中央办公厅、国务院办公厅负责解释。

30. 本细则自发布之日起施行。此前发布的有关规定，凡与本细则不一致的，以本细则为准。

总体来看，中央政治局贯彻落实中央八项规定的实施细则，坚持以习近平新时代中国特色社会主义思想为指导，贯彻落实党中央对党的作风建设的新部署新要求，坚持问题导向，根据近些年中央八项规定实施过程中遇到的新情况新问题，着重对改进调查研究、精简会议活动、精简文件简报、规范出访活动、改进新闻报道、厉行勤俭节约等方面内容作了进一步规范、细化和完善，更加切合工作实际，增强了指导性和可操作性。特别是中央政治局的同志带头弘扬党的优良作风，严格执行中央八项规定，为全党作出表率。制定和落实中央八项规定及其实施细则,坚决反对形式主义、官僚主义、享乐主义和奢靡之风,对于我们党始终保持党的先进性和纯洁性、始终保持同人民群众的血肉联系、使我们党始终成为中国特色社会主义事业的坚强领导核心,具有十分重要的意义。

中央八项规定是改进作风的切入口和动员令,党中央从落实中央八项规定精神破题,坚持以上率下,率先垂范,从中央做起,既抓思想引导又抓行为规范,执纪问责,严肃查处和曝光典型案件,形成高压态势。各地各部门认真贯彻落实中央八项规定精神,也结合实际制定了具体细化措施,赢得了人民群众的衷心拥护,推动全面从严治党取得重要阶段性成果。在看到成绩的同时,我们也应该清醒地看到,作风问题具有顽固性和反复性,形成优良作风不可能一劳永逸,克服不良作风也不可能一蹴而就,中央八项规定既不是最高标准,也不是最终目的,只是我们改进作风的第一步,必须以锲而不舍、驰而不息的决心和毅力,把作风建设不断引向深入。

领导干部是身处关键岗位、关键领域、关键环节的"关键少数",是干部群众的带头人和主心骨,具有正反两个方面的关键影响,在全面从严治党中发挥着关键作用。加强党的作风建设,必须突出领导干部这个"关键少数"。什么是"关键少数"?对全国人民来说,共产党员是"关键少数";对群众来说,干部是"关键少数";对干部来说,班子是"关键少数";对班子来说,一把手是"关键少数"。中国共产党是领导我们事业的核心力量。党政军民学、东西南北中,党是领导一切的。党的领导,是中国特色社会主义最本质的特征。党委(党组)的领导核心作用就是四句话:把方向、管大局、作决策、保落实。总而言之,办好中国的事情,关键在党,关键在人。关键在人,一个字是"人"，两个字是"干部"，三个字是"一把手"，四个字是"领导班子"。中国共产党是中国工人阶级的先锋队，同时是中国人民和中华民族的先锋队。作为党员干部，作为"关键少数"，要始终牢记自己的第一身份是党员，不要把自己等同于普通群众，要经常重温并牢记入党时的庄严承诺，重温并牢记党章规定的党员义务，做到在党言党、在党爱党、在党忧党、在党为党，在人民群众中发挥先锋模范作用。

1949 年，毛泽东同志在党的七届二中全会上提醒全党"务必使同志们继续地保持谦虚、谨慎、不骄、不躁的作风，务必使同志们继续地保持艰苦奋斗的作风"。①1979 年 3 月 30 日，邓小平同志在全国理论工作务虚会上指出："为了促进社会风气的进步，首先必须搞好党风，特别是要求党的各级领导同志以身作则。党是整个社会的表率，党的各级领导同志又是全党的表率。如果党的组织把群众的意见和利害放在一边，不闻不问，怎么能要求群众信任和爱戴这样的党组织的领导呢？如果党的领导干部自己不严格要求自己，不遵守党纪国法，违反党的原则，闹派性，搞特殊化，走后门，铺张浪费，损公利私，不与群众同甘苦，不实行吃苦在先、享受在后，不服从组织决定，不接受群众监督，甚至对批评自己的人实行打击报复，怎么能指望他们改造社会风气呢！"②1991 年 7 月 1 日，在庆祝中国共产党成立 70 周年大会上，江泽民同志发表重要讲话指出："党风是关系到党的生死存亡的问题，如果听任腐败现象发展下去，党就会走向自我毁灭。"2007 年 10 月 15 日，胡锦涛同志在党的十七大上指出"优良的党风是凝聚党心民心的巨大力量"，"全党同志特别是领导干部都要讲

---

① 《毛泽东选集》（第四卷），人民出版社 1991 年版，第 1438-1439 页。

② 《邓小平文选》（第二卷），人民出版社 1994 年版，第 177-178 页。

党性、重品行、作表率"，"弘扬新风正气，以优良的党风促政风带民风"。2016 年 7 月 1 日，习近平总书记在庆祝中国共产党成立 95 周年大会上发表重要讲话指出，作风建设永远在路上。"己不正，焉能正人。"我们要从中央政治局常委会、中央政治局、中央委员会抓起，从高级干部抓起，持之以恒加强作风建设，坚持和发扬党的优良传统和作风，坚持抓常、抓细、抓长，使党的作风全面好起来，确保党始终同人民同呼吸、共命运、心连心。① 领导干部的以身作则、率先垂范，就是政治上明明白白，思想上正正派派，作风上实实在在，工作上勤勤恳恳，生活上简简单单，把心思聚焦在干事创业上，把智慧凝聚在破解难题上，把精力集中在狠抓落实上，把本领体现在促进发展上。

行为成习惯，习惯成自然，行为一旦成风气，影响巨大而深远。一个人的风清气正，从根本上讲不能完全靠外部约束，而要靠自觉自律。自觉自律是人向上向善的内在动力。中国人历来强调"正心以为本，修身以为基"，强调"一念收敛，则万善来同；一念放恣，则百邪乘衅"，强调"莫见乎隐，莫显乎微，故君子慎其独也"，强调"不虑于微，始贻于大；不防于小，终亏大德"。因此，作风过硬关键是在私底下、无人时、细微处能否做到慎独慎微、慎始慎初。每一名党员都要懂得小事小节中有方向、有形象、有人格的道理，从小事小节上加强约束、规范自己，常掸心灵灰尘，常清思想垃圾，常祛灵魂私弊，常洗行为污垢，守住底线、不踩红线、不碰高压线，做到心有所畏、言有所戒、行有所止，做到有原则、有界限、有规矩，始终把练就过硬的作风作为党性修养第一关。

---

① 习近平：《在庆祝中国共产党成立 95 周年大会上的讲话》，《求是》2021 年第 8 期。

三、严肃查处顶风违纪、隐形变异的"四风"问题

人心是最大的政治，共识是奋进的动力。波涛蓄势，起于涓滴；事业成败，在于人心。《管子·牧民》曰："政之所兴在顺民心，政之所废在逆民心。民恶忧劳，我佚乐之；民恶贫贱，我富贵之；民恶危坠，我存安之；民恶灭绝，我生育之。……故从其四欲，则远者自亲；行其四恶，则近者叛之。故知予之为取者，政之宝也。"民心问题，对于执政党来说，始终是一个根本问题。《管子》这段话，正道出民心与执政相辅相成的关系。人民是我们党领导和执政力量源泉，党群关系、干群关系是共产党人最为重要的社会关系。毛泽东同志曾说："我们一切工作干部，不论职位高低，都是人民的勤务员。"习近平总书记也多次以"人民的勤务员"自喻，并提出了"我将无我，不负人民"的自我要求。"人民的勤务员"是人民立场这一马克思主义政党根本立场的生动表述，是对我们党的性质和宗旨的形象概括。不忘初心，就不能忘记我们是人民的勤务员，始终坚持全心全意为人民服务

的根本宗旨，始终保持党和人民的鱼水关系和血肉联系。①

作风问题是腐败的温床，也是党性的集中体现。当前，我们党员干部队伍的主流始终是好的，同时，我们也要清醒地看到，当前一些领域消极腐败现象依然易发多发，一些重大违纪违法案件影响恶劣，反腐败斗争形势依然严峻，人民群众还有许多不满意的地方。党的作风不纯正，党的形象就会遭到破坏，党的威望就会遭受损失，党的创造力凝聚力战斗力就会丧失。一些党员干部理想信念不坚定、对党不忠诚、纪律松弛、脱离群众、独断专行、弄虚作假、慵懒无为，个人主义、分散主义、自由主义、好人主义、宗派主义、山头主义、拜金主义不同程度存在，形式主义、官僚主义、享乐主义和奢靡之风问题突出，任人唯亲、跑官要官、买官卖官、拉票贿选现象屡禁不止，滥用权力、贪污受贿、腐化堕落、违法乱纪等现象滋生蔓延。这些现象主要体现在形式主义、官僚主义、享乐主义和奢靡之风这"四风"上。

形式主义根源是政绩观错位、责任心缺失。形式主义的表现，主要是知行不一、不求实效，文山会海、花拳绣腿，贪图虚名、弄虚作假。有的不认真学习党的理论和做好工作所需的知识，学了也是为应付场面，蜻蜓点水，浅尝辄止，不求甚解，无心也无力在实践中认真运用。有的习惯于以会议落实会议、以文件落实文件，热衷于造声势、出风头，把安排领导出场讲话、组织发新闻、上电视作为头等大事，最后工作却不了了之。有的抓工作不讲实效，不下功夫解决存在的矛盾和问题，难以给领导留下印象的事不做，形不成多大影响的事不做，工作汇报或年终总结看上去不漂亮的事不做，仪式一场接着一场，总

---

① 习近平：《在中央和国家机关党的建设工作会议上的讲话》，《求是》2019年第21期。

结一份接着一份，评奖一个接着一个，最后都是"客里空"。有的下基层调研走马观花，下去就是为了出出镜、露露脸，坐在车上转、隔着玻璃看，只看"门面"和"窗口"，不看"后院"和"角落"，正所谓"调查研究隔层纸，政策执行隔座山"。有的明知报上来的是假情况、假数字、假典型，也听之任之，甚至通过挖空心思造假来粉饰太平。

《笑林广记》中记载了一个故事，深刻讽刺了形式主义的弊病。一位医生自称能治驼背，"如弓者，如虾者，如曲环者，延吾治，可朝治而夕如矢"。一人就找他来治驼，只见他拿来木板两块，一块置地下，让驼者躺在上面，一块在驼者的上面，然后用劲压。"驼者随直，亦复随死。"驼者的家人要告官，医生说："我业治驼，但管人直，哪管人死？"这个医生能在转眼之间让驼背变得笔直，却不管人的死活。推诿塞责的背后是对民瘼的漠视、对民意的疏离，实际是形式主义作祟。

官僚主义根源是官本位思想严重、权力观扭曲。官僚主义的表现，主要是脱离实际、脱离群众，高高在上、漠视现实，唯我独尊、自我膨胀。有的对实际情况不了解不关注，不愿深入困难艰苦地区，不愿帮助基层和群众解决实际问题，甚至不愿同基层和普通群众打交道，怕给自己添麻烦，工作上敷衍塞责、推诿扯皮、得过且过。有的不顾地方实际和群众意愿，喜欢拍脑袋决策、拍胸脯表态，盲目铺摊子、上项目，最后拍屁股走人，留下一堆后遗症。有的对上吃吃拍拍、曲意逢迎，对下吆五喝六、横眉竖目，门难进、脸难看、事难办，甚至不给钱不办事，收了钱乱办事。有的对待上级部署囫囵吞枣、断章取义，执行上级决定照本宣科、等因奉此，或者照猫画虎、生搬硬套，以前怎么做就怎么做，别人怎么做就怎么做，完全不顾本地本部门实际情况。有的官气十足、独断专行，老子天下第一，一切都要自己说了算，拒绝批评帮助，容不下他人，听不得不同意见。《辞海》对"官僚主义"的释义是："国家工作人员脱离实际，脱离群众，只知发号施令的坏作风。表现为不了解实际情况，不关心群众疾苦，独断专行，压制民主，以至专横跋扈，称王称霸等；还包括部门林立，机构臃肿，层次繁多，互相扯皮，人浮于事，虚职过多，工作效率低下等现象。"

中国共产党历来反对官僚主义。1933 年 8 月，毛泽东同志在《必须注意经济工作》一文中说："动员群众的方式，不应该是官僚主义的。官僚主义的领导方式，是任何革命工作所不应有的，经济建设工作同样来不得官僚主义。要把官僚主义方式这个极坏的家伙抛到粪缸里去，因为没有一个同志喜欢它。"① 1963 年，周恩来同志在党中央和国务院直属机关负责干部会议上的报告中，着重讲了反对官僚主义的问题，列举了官僚主义的 20 种表现。第一种，高高在上，孤陋寡闻，不调查研究，不抓具体政策，不做政治思想工作。这是脱离领导、脱离群众的官僚主义。第二种，狂妄自大，骄傲自满；主观片面，粗枝大叶；不抓业务，空谈政治；不听人言，蛮横专断；不顾实际，胡乱指挥。这是强迫命令式的官僚主义。第三种，从早到晚，忙忙碌碌，一年到头，辛辛苦苦；对事情没有调查，对人员没有考察；发言无准备，工作无计划；既不研究政策，又不依靠群众，盲目单干，不辨方向。这是无头脑的、迷失方向的、事务主义的官僚主义。第四种，官气熏天，不可向迩；唯我独尊，使人望而生畏；颐指气使，不以平等待人；

---

① 《毛泽东选集》（第一卷），人民出版社 1991 年版，第 124 页。

作风粗暴，动辄破口骂人。这是老爷式的官僚主义。第五种，不学无术，耻于下问；浮夸谎报，瞒哄中央；弄虚作假，文过饰非；功则归己，过则归人。这是不老实的官僚主义。第六种，遇事推诿，怕负责任；承担任务，讨价还价；办事拖拉，长期不决；麻木不仁，失掉警惕。这是不负责任的官僚主义。第七种，遇事敷衍，与人无争；老于世故，巧于应付；上捧下拉，面面俱圆。这是做官混饭吃的官僚主义。第八种，学政治不成，钻业务不进；语言无味，领导无方；尸位素餐，滥竽充数。这是颟顸无能的官僚主义。第九种，糊糊涂涂，混混沌沌，人云亦云，得过且过，饱食终日，无所用心；一问三不知，一曝十日寒。这是糊涂无用的官僚主义。第十种，文件要人代读，边听边睡，不看就批，错了怪人，对事情心中无数，又不愿跟人商量，推来推去，不了了之；对上则支支吾吾，唯唯诺诺，对下则不懂装懂，指手画脚，对同级则貌合神离，同床异梦。这是懒汉式的官僚主义。第十一种，机构庞杂，人浮于事，叠床架屋，团团转转，人多事乱，不务正业，浪费资财，破坏制度。这是机关式的官僚主义。第十二种，指示多，不看；报告多，不批；表报多，不用；会议多，不传；来往多，不谈。这是文牍主义和形式主义的官僚主义。第十三种，图享受，怕艰苦；好伸手，走后门；一人做官，全家享福，一人得道，鸡犬升天；请客送礼，置装添私；苦乐不均，内外不一。这是特殊化的官僚主义。第十四种，"官"越做越大，脾气越来越坏，生活要求越来越高，房子越来越好。这是摆官架子的官僚主义。第十五种，假公济私，移私作公；监守自盗，执法犯法；多吃多占，不退不还。这是自私自利的官僚主义。第十六种，伸手向党要名誉，要地位，不给还不满意；对工作挑肥拣瘦，对待遇斤斤计较。这是争名夺利的官僚主义。第十七种，多头领导，互不团结；政出多门，工作散乱；互相排挤，上下隔阂；既不集中，也无民主。这是闹不团结的官僚主义。第十八种，目无组织，任用私人，结党营私，互相包庇；封建关系，派别利益。这是宗派性的官僚主义。第十九种，革命意志衰退，政治生活退化。这是蜕化变质的官僚主义。第二十种，助长歪风邪气，纵容坏人坏事；打击报复，违法乱纪，压制民主，欺凌群众。这是走上非常危险道路的官僚主义。周恩来同志对二十种官僚主义的概括和剖析，反映了新中国成立初期党的领导干部的实际情况，因而具有很强的针对性和说服力。

1980 年 8 月，邓小平同志在《党和国家领导制度的改革》一文中指出："官僚主义现象是我们党和国家政治生活中广泛存在的一个大问题，它的主要表现和危害是：高高在上，滥用权力，脱离实际，脱离群众，好摆门面，好说空话，思想僵化，墨守陈规，机构臃肿，人浮于事，办事拖拉，不讲效率，不负责任，不守信用，公文旅行，互相推诿，以至官气十足，动辄训人，打击报复，压制民主，欺上瞒下，专横跋扈，徇私行贿，贪赃枉法，等等。"[①] 不坚决反对形式主义、官僚主义，我们党就会脱离人民群众，变成无源之水、无本之木。我们不仅要从思想上作风上坚决反对形式主义、官僚主义，而且要从制度上坚决反对形式主义、官僚主义，扫除形式主义、官僚主义滋生蔓延的土壤。

享乐主义根源是世界观、人生观、价值观不正确。享乐主义的表现，主要是精神懈怠、不思进取，追名逐利、贪图享受，讲究排场、玩风盛行。有的意志消沉、信念动摇，奉行及时行乐的人生哲学，"今

---

① 《邓小平文选》（第二卷），人民出版社 1994 年版，第 327 页。

朝有酒今朝醉"，"人生得意须尽欢"。有的追求物质享受，情趣低俗，玩物丧志，沉迷花天酒地，热衷灯红酒绿，纵情声色犬马。有的拈轻怕重，安于现状，不愿吃苦出力，满足于现有学识和见解，陶醉于已经取得的成绩，不立新目标，缺乏新动力，"清茶报纸二郎腿，闲聊旁观混光阴"。

奢靡之风根源是思想堕落、物欲膨胀、灯红酒绿、纸醉金迷。奢靡之风的表现，主要是铺张浪费、挥霍无度，大兴土木、节庆泛滥，生活奢华、骄奢淫逸，甚至以权谋私、腐化堕落。有的修建豪华气派的办公大楼，甚至占地上百亩、耗资几个亿，搞得富丽堂皇，吃喝玩乐一应俱全。有的热衷于造节办节，节庆泛滥成灾，动辄花费几百万、几千万，劳民伤财。有的热衷于个人享受，住房不厌其大其多，车子不厌其豪华，菜肴不厌其精美，穿戴讲究名牌，对超出规定的生活待遇安之若素，还总嫌不够。有的习惯于超规格接待，住高档酒店，吃山珍海味，喝美酒佳酿，拿名贵特产。有的兜揣价值不菲的会员卡、消费卡，在高档会馆里乐不思蜀，在高级运动场所流连忘返，在名山秀水间朝歌夜弦，在异国风情中醉生梦死，甚至到境外赌博场所挥金如土。有的作风不检点，甚至道德败坏、生活放荡，不以为耻、反以为荣。

形式主义、官僚主义、享乐主义和奢靡之风这"四风"背离党的理想信念宗旨，是影响党群关系、损害党的形象的重要因素，是当前腐败现象多发、滋生腐败的土壤，必须加大惩治力度，必须上升到党的长期执政建设政治高度来看待和纠正"四风"问题，更加科学有效地反对"四风"、防治腐败。"四风"问题是判断党群关系、干群关系好坏的重要标准，为了维护广大人民群众根本利益，必须严肃整治一些领导干部脱离群众、弄虚作假、高高在上、贪图享乐、冷硬横推、吃喝卡要等问题现象，对贯彻中央八项规定精神只喊口号不抓落实、只见表态不见行动的，要严肃处理。纠正"四风"的关键在于抓领导干部这个"关键少数"，广大党员干部要坚持以上率下、以身作则，求真务实、真抓实干，吃苦在前、享受在后，弯下腰去、扑下身子联系群众，深入基层听民意、察实情、解民忧、办实事，凡是群众反映强烈的问题都要严肃认真对待，凡是损害群众利益的行为都要坚决纠正，不断增强人民群众获得感，厚植党执政的群众基础。同时，坚持标本兼治、固本培元，向制度建设要长效，健全改进作风常态化制度，以党的作风持续向好带动社风民风持续向上向善。①

进入新时代以来，习近平总书记对反对形式主义、官僚主义作出一系列重要指示。中央纪委组织多次专题学习，并全面了解分析当前形式主义、官僚主义的主要表现形式。2018 年 9 月，中央纪委印发《关于贯彻落实习近平总书记重要指示精神集中整治形式主义、官僚主义的工作意见》（简称《工作意见》），明确了重点整治的在贯彻落实中央重大决策部署中空喊口号、不担当不作为不负责、漠视群众利益和疾苦等 12 类具体问题，提出了具体工作措施。中央纪委国家监委网站提供的数据显示，2023 年，全国共查处违反中央八项规定精神问题 107547 起，批评教育和处理 153662 人，其中党纪政务处分 108695 人。从查处问题类型看，在履职尽责、服务经济社会发展和生态环境保护方面不担当、不作为、乱作为、假作为，严重影响高质量发展方面，2023 年共查处问题 39781 起，占查处的形式主义、官僚主义问题总数的 86.9%。2023 年查处的违规收送名贵特产和礼品礼金、违规

---

① 颜晓峰：《从"总开关"上解决"四风"问题》，《人民日报》2013 年 08 月 05 日。

吃喝、违规发放津补贴或福利 3 类问题，分别占享乐主义、奢靡之风问题的 42.1%、23.8%、15.3%。从查处级别看，2023 年，全国共查处省部级领导干部违反中央八项规定精神问题 10 起，查处地厅级领导干部问题 649 起，查处县处级领导干部 7899 起，查处乡科级及以下干部问题 98989 起。其中，乡科级及以下干部问题占查处问题总数的 92.0%。对此，2024 年初召开的二十届中央纪委三次全会要求，有效防治隐形变异现象，精准发现、从严处理"快递送礼"以及借培训考察、党建活动等名义公款旅游问题。各级纪检监察机关要认真分析研究"四风"隐形变异花样翻新的规律特点，从场所、资金、途径等方面的隐蔽行为入手，严查顶风违纪问题，加大通报曝光力度，防止死灰复燃。要把查处问题同推动深化改革、完善制度、优化治理紧密结合起来，着力从制度机制上铲除"四风"隐形变异的土壤。

2024 年 12 月 30 日，中央纪委国家监委网站发布了《北京通报 6 起违反中央八项规定精神问题》消息。通报指出，元旦、春节将至，为进一步严明纪律要求，强化教育警示，北京市纪委监委对查处的 6 起违反中央八项规定精神典型问题进行公开通报。

1. 北京市商务局原党组书记、局长闫立刚接受管理和服务对象宴请、违规收受礼品等问题。2016 年至 2024 年，闫立刚多次接受私营企业主在私人会所等场所安排的宴请，多次收受私营企业主所送的高档白酒、手机等礼品。闫立刚还存在其他严重违纪违法问题，被开除党籍、开除公职，涉嫌犯罪问题被移送检察机关依法审查起诉。

2. 朝阳区十八里店乡原副乡长章宁环接受管理和服务对象宴请、违规收受礼品礼金等问题。2021 年至 2024 年，章宁环多次接受私营企业主安排的宴请、旅游活动等，并违规收受礼品礼金。其中，2024

年9月，章宁环在值班期间擅自离岗接受宴请。章宁环还存在其他严重违纪违法问题，被开除党籍、开除公职。

3.丰台区方庄街道党工委原副书记周文违规收受礼品等问题。2022年至2024年，周文多次在节日期间违规收受下属赠送的高档酒水等礼品。周文还存在其他严重违纪违法问题，被开除党籍、开除公职，涉嫌犯罪问题被移送检察机关依法审查起诉。

4.昌平区工商联二级调研员陈卫平、一级主任科员孙光利接受管理和服务对象安排的旅游活动等问题。2024年6月，陈卫平、孙光利未履行公务出差及离京审批程序，赴江苏参加工商联会员单位组织的考察活动。其间，二人跟随考察团参观游览景点项目，交通、食宿、门票等费用均由该会员单位企业承担。陈卫平、孙光利分别受到党内警告处分。

5.通州区养老事务中心原主任王东克、原副主任赵双庆接受管理和服务对象宴请、违规收受礼品等问题。2022年至2024年，王东克、赵双庆多次在本区养老服务企业内部食堂接受宴请、违规收受礼品。二人还存在其他违纪违法问题，王东克受到党内严重警告、政务撤职处分，赵双庆受到撤销党内职务、政务撤职处分。

6.顺义区张镇麻林山村党支部书记、村委会主任贾振良接受管理和服务对象宴请、违规收受礼品等问题。2018年至2024年，贾振良多次在春节等节日期间接受村内某租户宴请、违规收受礼品。贾振良还存在其他违纪问题，受到党内警告处分。

为了更好地查处违反中央八项规定精神的问题，中央纪委国家监委网站在"监督举报"栏目中还专门设置了"违反中央八项规定精神问题"专题，集中通报相关问题。仅在2024年底这几天，就通报了数起违反中央八项规定精神的典型问题。如，2024 年 12 月 29 日云南通报 2 起违规公款吃喝问题，2024 年 12 月 30 日安徽通报 7 起违反中央八项规定精神问题，2024 年 12 月 30 日天津通报 6 起违反中央八项规定精神问题，2024 年 12 月 30 日西安通报 5 起违反中央八项规定精神问题，2024 年 12 月 30 日吉林通报 6 起违反中央八项规定精神问题，2024 年 12 月 31 日长春通报 5 起违反中央八项规定精神问题，2024 年 12 月 31 日甘肃通报 5 起违反中央八项规定精神问题，2024 年 12 月 31 日海南通报 7 起违反中央八项规定精神问题等。

2025 年 1 月 26 日，中央纪委国家监委公布了 2024 年 12 月全国查处违反中央八项规定精神问题汇总情况。当月，全国共查处违反中央八项规定精神问题 33100 起，批评教育和处理 44334 人，其中党纪政务处分 33372 人，这是自 2013 年 11 月 18 日中央纪委监察部网站第一次向社会公开发布 2013 年 9 月份全国违反中央八项规定精神问题查处数据以来，连续第 136 个月公布月报数据。数据显示，2024 年，全国共查处违反中央八项规定精神问题 225275 起，批评教育和处理 312907 人，其中党纪政务处分 221369 人。从查处问题类型看，2024 年，在履职尽责、服务经济社会发展和生态环境保护方面不担当、不作为、乱作为、假作为，严重影响高质量发展方面，共查处问题 93833 起，占查处的形式主义、官僚主义问题总数的 87.5%。查处的违规收送名贵特产和礼品礼金、违规吃喝、违规发放津补贴或福利 3 类问题，分别占 2024 年查处的享乐主义、奢靡之风问题总数的 49.2%、22.7%、14.9%。从查处级别看，2024 年，全国共查处省部级领导干部违反中央八项规定精神问题 9 起，地厅级领导干部问题 981 起，县处级领导干部问题 12910 起，乡科级及以下干部问题 211375 起。其中，乡科级及以下干部问题占查处问题总数的 93.8%。在本次通报中，中央纪委国家监委还专门强调，2025 年是"十四五"规划收官之年，也是将全面深化改革推向纵深的关键之年。各级纪检监察机关要着眼标本兼治深化对反腐败斗争的规律性认识，健全不正之风和腐败问题同查同治机制，坚持严字当头，以"同查"严惩风腐交织问题，以"同治"铲除风腐共性根源，以"查""治"贯通阻断风腐演变，着力推动正风反腐一体深化。春节将近，各级纪检监察机关要持续抓好监督，打出教育提醒、通报曝光、明察暗访、严查快处等"组合拳"，确保节日风清气正。

坚决纠正"四风"，严肃查处顶风违纪、隐形变异的"四风"问题，必须强化"作风建设永远在路上"的意识，以钉钉子精神开展作风建设，打虎拍蝇、重拳反腐，优化政治生态、改进党的作风，切实维护党的形象，巩固党的创造力凝聚力战斗力。钉钉子精神是习近平总书记提出的一个意蕴深远的命题。我们干事创业，要有钉钉子的精神，钉钉子往往不是一锤子就能钉好的，而是要一锤一锤接着敲，直到把钉子钉实钉牢，钉牢一颗再钉下一颗，不断钉下去，必然大有成效。如果东一榔头西一棒子，结果很可能是一颗钉子都钉不上、钉不牢。一张好的蓝图，只要是科学的、切合实际的、符合人民愿望的，大家就要一茬一茬接着干，干出来的都是实绩，广大干部群众都会看在眼里、记在心里。干事创业需要有钉钉子精神，抓作风建设同样要有钉钉子的精神。在作风建设中发扬钉钉子精神，就要把落实中央八项规定精神作为一项政治纪律紧紧抓住不放，坚决摒弃可以歇歇脚、松口气的错误想法，以抓铁有痕、踏石留印的劲头，以永远在路上的坚韧和力度，打赢作风建设持久战。

第三讲

反腐败是最彻底的自我革命

腐败是我们党面临的最大威胁，反腐败是最彻底的自我革命。反腐败斗争关系民心这个最大的政治，是一场输不起也决不能输的重大政治斗争。新时代以来，面对党内党风廉政建设和反腐败斗争的突出问题，以习近平同志为核心的党中央坚持有腐必反、有贪必肃，就推进反腐败斗争提出一系列新理念新思想新战略，通过前所未有的反腐败斗争，赢得了保持同人民群众的血肉联系、人民衷心拥护的历史主动，赢得了全党高度团结统一、走在时代前列、带领人民实现中华民族伟大复兴的历史主动。

一、腐败是我们党面临的最大威胁

腐败是危害党的生命力和战斗力的最大毒瘤，反腐败是最彻底的自我革命。我们党作为世界上最大的马克思主义执政党，要始终赢得人民拥护、巩固长期执政地位，必须时刻保持解决大党独有难题的清醒和坚定。党面临的执政考验、改革开放考验、市场经济考验、外部环境考验将长期存在，精神懈怠危险、能力不足危险、脱离群众危险、消极腐败危险将长期存在。尽管反腐败斗争取得压倒性胜利并全面巩固，但形势依然严峻复杂，对腐败的顽固性和危害性绝不能低估，决不能有松劲歇脚、疲劳厌战的情绪，必须持之以恒推进全面从严治党，坚决打赢反腐败斗争攻坚战持久战总体战。

党的十八大以来，以习近平同志为核心的党中央以自我革命的高度自觉，以"得罪千百人、不负十四亿"的使命担当，带领全党深入推进全面从严治党和反腐败斗争，坚持有腐必反、有贪必肃，力度前所未有，成效有目共睹。习近平总书记始终对腐败保持高度警醒，对坚定不移推进反腐败斗争的要求一以贯之。习近平总书记深刻指出，

"一个政党，一个政权，其前途命运取决于人心向背。人民群众反对什么、痛恨什么，我们就要坚决防范和纠正什么。""大量事实告诉我们，腐败问题越演越烈，最终必然会亡党亡国！""人民群众最痛恨腐败现象，腐败是我们党面临的最大威胁"，强调反腐败斗争"极其复杂、极其艰难，容不得丝毫退让妥协""只要存在腐败问题产生的土壤和条件，腐败现象就不会根除，我们的反腐败斗争也就不可能停歇"，警示告诫全党"不能有任何喘口气、歇歇脚的念头""决不能滋生已经严到位、严到底的情绪"，明确要求"坚决把反腐败斗争进行到底""全面打赢反腐败斗争攻坚战、持久战"。这一系列重要论述为保持反腐败政治定力、将反腐败斗争进行到底指明了方向，提供了根本遵循。

在党的十九大报告中，习近平总书记指出，人民群众最痛恨腐败现象，腐败是我们党面临的最大威胁。只有以反腐败永远在路上的坚韧和执着，深化标本兼治，保证干部清正、政府清廉、政治清明，才能跳出历史周期率，确保党和国家长治久安。在党的二十大报告中，习近平总书记进一步强调，腐败是危害党的生命力和战斗力的最大毒瘤，反腐败是最彻底的自我革命。只要存在腐败问题产生的土壤和条件，反腐败斗争就一刻不能停，必须永远吹冲锋号。坚持不敢腐、不能腐、不想腐一体推进，同时发力、同向发力、综合发力。以零容忍态度反腐惩恶，更加有力遏制增量，更加有效清除存量，坚决查处政治问题和经济问题交织的腐败，坚决防止领导干部成为利益集团和权势团体的代言人、代理人，坚决治理政商勾连破坏政治生态和经济发展环境问题，决不姑息。深化整治权力集中、资金密集、资源富集领域的腐败，坚决惩治群众身边的"蝇贪"，严肃查处领导干部配偶、子女及其配偶等亲属和身边工作人员利用影响力谋私贪腐问题，坚持受贿行贿一起查，惩治新型腐败和隐性腐败。深化反腐败国际合作，一体构建追逃防逃追赃机制。深化标本兼治，推进反腐败国家立法，加强新时代廉洁文化建设，教育引导广大党员、干部增强不想腐的自觉，清清白白做人、干干净净做事，使严厉惩治、规范权力、教育引导紧密结合、协调联动，不断取得更多制度性成果和更大治理效能。

在二十届中央纪委四次全会上，习近平总书记从推进中国式现代化建设的战略高度，充分肯定新时代以来推进全面从严治党和反腐败斗争取得的成效，深刻分析当前反腐败斗争形势，强调要坚决澄清各种错误认识，廓清思想迷雾，进一步坚定反腐败斗争的决心和信心。腐败是我们党面临的最大威胁，反腐败是最彻底的自我革命。进一步全面深化改革、推进中国式现代化，需要以反腐败的坚实行动清淤除障、保驾护航。

中国共产党作为百年大党，如何跳出治乱兴衰历史周期率，永葆先进性和纯洁性、永葆青春活力，永远得到人民拥护和支持，实现长期执政，是必须回答好、解决好的一个根本性问题。"历史周期率"是指世界上任何一个国家的政权都会经历兴衰治乱，往复循环呈现出的周期性现象。极端的不公导致社会的崩溃，从而达到新的相对公平，周而复始。中国共产党的历史周期率问题，是1945年黄炎培在延安向毛泽东同志提出的问题。黄炎培说："我生六十多年，耳闻的不说，所亲眼看到的，真所谓'其兴也勃焉'，'其亡也忽焉'，一人，一家，一团体，一地方，乃至一国，不少单位都没有能跳出这周期率的支配力。……一部历史，'政怠宦成'的也有，'人亡政息'的也有，'求荣取辱'的也有。总之没有能跳出这周期率。中共诸君从过去到现在，我略略了解的了。就是希望找出一条新路，来跳出这周期率的支配。"对此，毛泽东同志回答说："我们已经找到新路，我们能跳出这周期率。这条新路，就是民主。只有让人民来监督政府，政府才不敢松懈。只有人人起来负责，才不会人亡政息。"事后，黄炎培写下了自己对毛泽东同志答话的感想："我想：这话是对的。只有大政方针决之于公众，个人功业欲才不会发生。只有把每一地方的事，公之于每一地方的人，才能使地地得人，人人得事，用民主来打破这个周期率，怕是有效的。"

党的十八大以来，以习近平同志为核心的党中央在全面从严治党的实践中给出了跳出治乱兴衰的历史周期率的第二个答案，这就是自我革命。党的十九届六中全会上，习近平总书记专门提到了"窑洞对"：我们党历史这么长、规模这么大、执政这么久，如何跳出治乱兴衰的历史周期率？毛泽东同志在延安窑洞里给出了第一个答案，这就是"只有让人民起来监督政府，政府才不敢松懈"；经过百年奋斗特别是党的十八大以来新的实践，我们党又给出了第二个答案，这就是自我革命。习近平总书记在党的二十大报告中指出："经过不懈努力，党找到了自我革命这一跳出治乱兴衰历史周期率的第二个答案"。自我革命，确保党永远不变质、不变色、不变味，标志着我们党对长期执政的马克思主义政党自身建设的规律性认识达到了新高度。

腐败是危害党的生命力和战斗力的最大毒瘤，反腐败是最彻底的自我革命。我们党开展了史无前例的反腐败斗争，以"得罪千百人、不负十四亿"的使命担当祛疴治乱，不敢腐、不能腐、不想腐一体推进，"打虎""拍蝇""猎狐"多管齐下。经过不懈努力，党的自我净化、自我完善、自我革新、自我提高能力显著增强，管党治党宽松软状况得到根本扭转，风清气正的党内政治生态不断形成和发展，确保党永远不变质、不变色、不变味。在过去的 40 多年里，我们党在改革开放中茁壮成长，领导全国各族人民取得举世瞩目的巨大成就。在做好经济社会建设的同时，党的建设也常抓不懈，取得显著成绩。应当说，当前党的领导水平和执政能力基本适应了经济社会发展的要求。但是，我们也应该清醒地看到，在新形势下，我们党担负着团结带领全国人民以中国式现代化全面推进强国建设、实现中华民族伟大复兴的历史重任。同时，我们更要清醒认识到，我们党面临的执政环境是复杂的，影响党的先进性、弱化党的纯洁性的因素也是复杂的，党内存在的思想不纯、组织不纯、作风不纯等突出问题尚未得到根本解决。因此，要深刻认识到党面临的执政考验、改革开放考验、市场经济考验、外部环境考验的长期性和复杂性，深刻认识到党面临的精神懈怠危险、能力不足危险、脱离群众危险、消极腐败危险的尖锐性和严峻性，着力解决好提高党的领导水平和执政水平、提高拒腐防变和抵御风险能力两大重大课题，坚持问题导向，保持战略定力，坚决把反腐败斗争放在更加突出的位置，推动全面从严治党向纵深发展。

二、反腐败事关民心向背，事关前途命运

腐败具有极大的社会危害性。腐败的危害不仅仅表现为社会的经济损失，腐败的最大危害在于，它会使国家政权逐步丧失合法性根基，使人们丧失对国家发展的信心和对国家制度的忠诚，从而造成国家和政权体制出现合法性危机。即使是从经济学角度看，腐败对国家造成的损害远远大于腐败者的个人收益和相关人取得的经济利益。因此，坚决反对腐败是我们党一以贯之的基本立场。

1949年3月5日，在中国革命即将取得全国胜利的前夜，中国共产党召开了七届二中全会，毛泽东同志在会上告诫全党：我们很快就要在全国胜利了。因为胜利，党内的骄傲情绪，以功臣自居的情绪，停顿起来不求进步的情绪，贪图享乐不愿再过艰苦生活的情绪，可能生长。可能有这样一些共产党人，他们是不曾被拿枪的敌人征服过，但是经不起人们用糖衣裹着的炮弹的攻击。我们必须预防这种情况。

新中国成立后不久，1951年12月1日，党中央作出了《关于实行精兵简政、增产节约、反对贪污、反对浪费和反对官僚主义的决

定》，其中明确表示："严重的贪污案件不断发生，证明一九四九年春季党的二中全会严重地指出资产阶级对党的侵蚀的必然性和为防止克服此种巨大危险的必要性，是完全正确的。现在是全党动员切实执行这项决议的紧要时机了。再不切实执行这项决议，我们就要犯大错误。"

1952 年 2 月 10 日，原天津地区负责人刘青山、张子善因"盗窃国家资财，勾结奸商非法经营牟利，瓦解国家企业机关及贪污行贿等严重罪行"被处死刑。处死刘青山、张子善两位高级干部，被称为是新中国反腐"第一枪"，表明了我们党坚决反对腐败的魄力和决心。在后来谈到刘、张案件时，毛泽东同志曾经讲道："我们杀了几个有功之臣，也是万般无奈。我们建议重读一下《资治通鉴》。治国就是治吏，礼、义、廉、耻，国之四维。四维不张，国将不国。如果臣下一个个都寡廉鲜耻，贪污无度，胡作非为，而我们国家还没有办法治理他们，那么天下一定大乱，老百姓一定要当李自成。国民党是这样，共产党也是这样。"他还说，"谁要是搞腐败那一套，我毛泽东就割谁的脑袋。我毛泽东若是腐败，人民就割我毛泽东的脑袋"。可以说，如何防止腐败、保持党的永不变质，一直是毛泽东同志深思熟虑的问题。因此，在刘青山、张子善被处死后的两个月，中央政府颁发了《中华人民共和国整治贪污条例》，之后开始了"三反""五反"运动。而从 1956 年到 1964 年间，中央人民政府前后 3 次集中力量开展反腐倡廉运动，平均每隔两年就开展一次反腐败运动，而且每次运动的持续时间都长达一年。

1978 年后，随着改革开放和工作重心向经济建设方面转移，国外的一些生活方式和思想观念大量涌入，一些立场不坚定的党员干部开始钻制度和管理上的漏洞，想方设法攫取金钱，追求享乐。这一阶段，贪污、受贿行为日益增多。打击经济领域犯罪活动、保护改革开放，成为当时反腐败斗争的一个重点。

2005年，反腐败斗争开始进入体系反腐败阶段。2005年1月3日，中共中央颁布《建立健全教育、制度、监督并重的惩治和预防腐败体系实施纲要》，确立标本兼治、综合治理、惩防并举、注重预防的反腐倡廉方针，作出建立健全教育、制度、监督并重的惩治和预防腐败体系的战略决策，提出拓展从源头上防治腐败工作领域的要求。

党的十八大以来，以习近平同志为核心的党中央，以巨大的政治勇气和历史担当，加大反腐败斗争力度、严肃查处腐败分子，有力地打击了腐败分子的嚣张气焰。但反腐败斗争形势依然严峻复杂，容不得半点松懈和停顿。

习近平总书记指出，干任何事情，坚忍不拔才能胜利，半途而废将一事无成。反腐败斗争更是如此，不可能毕其功于一役。正因如此，面对减少腐败存量、遏制腐败增量、重构政治生态的艰巨繁重任务，习近平总书记强调，"党风廉政建设和反腐败斗争永远在路上"。从严峻性上看，近年来腐败现象趋于严重，区域性腐败、系统性腐败、家族式腐败、塌方式腐败等不断发生，特别是在反腐败斗争高压下，有些人还在顶风作案、我行我素。从复杂性上讲，区域性腐败和领域性腐败交织，用人腐败和用权腐败共存，体制外和体制内挂钩，权钱交易、权色交易、权权交易同在，利益关系错综复杂、盘根错节，形成了"共腐关系圈"，更严重的是，有些人搞官商勾结、上下勾连，腐败问题和政治问题相互渗透，严重危害党的领导和党的团结统一。

新时代以来，习近平总书记从关系党和国家生死存亡的高度，以强烈的历史责任感、深沉的使命忧患感、顽强的意志品质，把全面从严治党纳入"四个全面"战略布局，带领全党开展了史无前例的反腐败斗争。进入新时代，面对党内党风廉政建设和反腐败斗争的突出问题，我们党坚持无禁区、全覆盖、零容忍，不敢腐、不能腐、不想腐一体推进，反腐败斗争取得压倒性胜利并全面巩固，管党治党宽松软状况得到根本扭转，党的自我净化、自我完善、自我革新、自我提高能力显著增强，探索出依靠自我革命跳出历史周期率的有效途径，百年大党在自我革命中不断焕发蓬勃生机，红色江山更加巩固。"民心是最大的政治，正义是最强的力量。"人民群众最痛恨腐败，反腐败顺党心、合民意。我们党坚持人民至上，坚持有腐必反、有贪必肃，不断纯洁干部队伍，以正风肃纪反腐凝聚党心军心民心，重塑了在困难面前万众一心、众志成城的党群关系，赢得了党团结带领全体人民为强国建设、民族复兴伟业共同奋斗的历史主动。

三、始终保持反腐败永远在路上的坚韧执着

反腐败是一场输不起的事关党的生死存亡的严峻政治斗争，必须持续发力向纵深推进。习近平总书记专门指出，反腐败是一场输不起也决不能输的重大政治斗争。党与腐败水火不容，人民对腐败深恶痛绝。不得罪成百上千的腐败分子，就要得罪 14 亿人民，也要得罪听党话、守规矩的广大党员干部；任凭腐败蔓延就会亡党亡国，真反腐败才能兴党兴国。这笔再明白不过的民心账、政治账，决定了反腐败斗争没有禁区，没有特区，也不能有盲区，要求反腐败斗争必须始终态度不能变、决心不能减、勇气不能泄、尺度不能松。全党必须牢记，反对腐败是党心民心所向，惩治腐败是为了赢得党心民心。这是一场严肃重大的政治斗争，必须决战决胜。

因此，反腐败斗争的性质是一场严肃重大的政治斗争。所谓政治，简而言之，就是阶级或团体之间的利益关系，核心是权力问题，即权力归谁所有、为谁服务。我国宪法明确规定，中华人民共和国是工人阶级领导的、以工农联盟为基础的人民民主专政的社会主义国家，国

家的一切权力属于人民。而人民当家作主地位的体现又是通过党的领导来保证和实现的。中国共产党是中国工人阶级的先锋队，同时是中国人民和中华民族的先锋队，党除了工人阶级和最广大人民群众的利益，没有自己特殊的利益，必须坚持权为民所用、情为民所系、利为民所谋。一句话，中国共产党的根本宗旨就是全心全意为人民服务。而腐败作为运用公共权力谋取私人利益的行为，是对人民权利的侵夺，与人民利益、与党和国家利益水火不容。我们要冷静清醒地认识党风廉政建设和反腐败斗争的长期性、复杂性、艰巨性，保持坚强政治定力，坚定必胜信心，坚持不懈地抓下去，让人民群众不断看到实实在在的成效和变化，回应群众期盼、赢得党心民心。

保持惩治腐败的高压态势不动摇，营造有腐必反、有贪必肃的良好风气，坚决遏制一些领域腐败现象易发多发势头，决不让任何腐败分子有逍遥于党纪国法的特权。对此，党中央提出全面从严治党的战略方针，强调无禁区、全覆盖、零容忍，坚持重遏制、强高压、长震慑，宣示了我们党坚决惩治腐败的勇气和决心。在新征程上，我们要进一步加大党风廉政建设和反腐败工作力度，加强对中央党风廉政建设和反腐败斗争重大决策部署贯彻情况的监督检查，着力解决反腐倡廉建设中人民群众反映强烈的突出问题，加大查办案件工作力度，深入推进反腐败斗争体制机制制度改革，不断开创党风廉政建设和反腐败工作新局面。

反对腐败，既要惩戒于后，又要防范于前，必须更加注重治本，更加注重预防，更加注重制度建设，坚持用改革统揽和推进制度创新，拓展从源头上防治腐败的工作领域。从源头上主动自觉地防治腐败，是我们推进党风廉政建设的又一重大理论创新。依据源头治理腐败的工作理念，我们党不断建立健全有利于防范腐败的体制机制，坚持把制度建设贯穿于反腐败斗争的各个环节，努力铲除腐败现象滋生蔓延的土壤。制度反腐的关键是将容易腐败的权力关进制度的笼子里，要实现这个目标，需要做到以下几点。一是科学设置职权，按照权力运行的基本逻辑，规范职务设置，建立科学有效的领导体制，明确职权职责关系，确保权力设置的科学性、有效性和规范性。二是建立长效机制，根据法律制度规范依法对职务行为的性质进行界定，依法对违法行为进行制裁。同时，建立权力行使的评价机制，规范国家权力的有效行使，完善权力行使和权力监督的长效机制。三是规范权力运行，透明是最好的防腐剂，将权力置身于阳光下运行是规范权力运行、预防权力腐败的重要方式，尤其是在"三重一大"问题上，必须按照公开透明要求，确保民众的知情权，减少权力暗箱操作、非法运行的空间。

第四讲

坚决打好反腐败斗争攻坚战
持久战总体战

• • • • • •

在反腐败问题上，我们必须清醒认识到，当前反腐败斗争形势仍然严峻复杂，腐败存量尚未清除，增量还在持续发生，铲除腐败滋生土壤和条件任务仍然艰巨繁重。新征程上，要始终保持反腐败永远在路上的坚韧执着，保持战略定力和高压态势，一步不停歇、半步不退让，一体推进不敢腐、不能腐、不想腐，坚决打好反腐败斗争攻坚战、持久战、总体战。

一、坚定打赢反腐败攻坚战的必胜信心

反对腐败、建设廉洁政治，是我们党一贯坚持的鲜明政治立场，是党自我革命必须长期抓好的重大政治任务。反腐败是最彻底的自我革命，自我革命要以正风肃纪反腐为重要抓手。我们党通过反腐败斗争坚决清除一切损害党的先进性和纯洁性的因素，清除一切侵蚀党的健康肌体的病毒，马克思主义政党的彻底革命性得到了进一步继承和发扬。我们要胸怀"国之大者"，从政治大局和战略全局高度谋划和推进工作，坚定不移走中国特色反腐败之路，持续发力、纵深推进反腐败斗争，确保党中央牢牢把握领导权、主动权，确保始终赢得人民群众支持和拥护，让党的自我革命抓手更精准、更紧密、更牢靠，推动党的自我革命环环相扣、层层递进，为以中国式现代化全面推进强国建设、民族复兴伟业清障护航。

对于反腐败斗争的目标和任务，2019 年 1 月，习近平总书记在省部级主要领导干部坚持底线思维着力防范化解重大风险专题研讨班开班式上指出，"坚决打好反腐败斗争攻坚战、持久战"。2022 年 6

月，习近平总书记在十九届中央政治局第四十次集体学习时指出"要把反腐败斗争同党的政治建设、思想建设、组织建设、作风建设、纪律建设、制度建设贯通协同起来，发挥政治监督、思想教育、组织管理、作风整治、纪律执行、制度完善在防治腐败中的重要作用，打好总体战"。2025 年 1 月 6 日，习近平总书记在二十届中央纪委四次全会上发表重要讲话强调，坚持用改革精神和严的标准管党治党，坚决打好反腐败斗争攻坚战、持久战、总体战。从打好"攻坚战、持久战"，到打好"总体战"，再到打好"攻坚战、持久战、总体战"，目标任务的表述变化，表明了我们党对反腐败斗争的规律性认识不断达到新高度。习近平总书记在此次全会上对"坚决打好反腐败斗争攻坚战、持久战、总体战"提出明确要求，作出重要部署，进一步指明了反腐败斗争的着力点和突破口。特别是习近平总书记提出的"坚决打好反腐败斗争攻坚战、持久战、总体战"，对反腐败斗争提出了新的更高要求。攻坚，意味着攻坚克难，在战术上要重点歼灭；持久，意味着驰而不息，在战略上长期坚持；总体，意味着统筹推进，在整体上系统推进。

从语义学上看，攻坚的意思是攻打强敌或敌人的坚固防御工事，花大力气去突破科学、生产技术上的难题。《管子·制分》中说："故凡用兵者，攻坚则轫，乘瑕则神。"宋朝叶适《终论六》中说："夫谋天下之大事，成天下之大功……必有堂堂之阵，正正之旗，攻坚排深之力而后可。"由攻坚引申开来，攻坚战是一种战斗的形式，指攻克敌人设有坚固防御的要地如城池、关隘、要塞或据点的作战。这些要地往往都是战略基点或重要的战役战术支撑点，事前设有较为完备的防御工事，配属若干防御部队，设定有防御预案，形成较为完整的防御体系。而攻击方往往需要集中优势兵力兵器，通过围困，切断敌补给或援兵通道，形成局部兵力优势，然后寻找敌防御弱点，集中兵力实施攻击，获得突破口，并投入预备队冲入突破口，分割敌防御体系，最终使敌防御体系完全瓦解，同时获得该要地的绝对控制权。

反腐败就是同各种弱化党的先进性、损害党的纯洁性的病原体作斗争的攻坚战，这场斗争极其复杂、极其艰难，容不得丝毫退让妥协。在反腐败斗争攻坚战中，要聚焦重点问题抓攻坚，对重点问题、重点领域、重点对象着重抓、着力查。二十届中央纪委四次全会部署2025年任务时强调，一刻不停惩治腐败，严查政治问题和经济问题交织的腐败案件，着重抓好金融、国企、能源、消防、烟草、医药、高校、体育、开发区、工程建设和招投标等领域系统整治，着力破解新型腐败和隐性腐败发现、取证、定性难题，严肃查处滥用职权、玩忽职守、违规决策造成国有资产重大损失问题，坚决查处那些老是拉干部下水、危害一方的行贿人，加大跨境腐败治理力度。

一要突出重点对象，坚决清除对党阳奉阴违的两面人、不收敛不收手的腐败分子，坚决防止权力和资本勾连、干部成为资本代言人代理人，督促年轻干部扣好廉洁从政"第一粒扣子"。两面人，一般是指那些两副面孔示人、为人处世"两张皮"的人，台上讲廉政，台下猛捞钱。党内有一些两面人很会伪装，喜欢表演作秀，表里不一、欺上瞒下，说一套、做一套，台上一套、台下一套，当面一套、背后一套。事实上，有一些政治上的两面人危害性更大，他们嘴上拥护中央政策，暗地里尸位素餐、敷衍了事，有的甚至公开对抗，最后中央的好政策落不了地，群众得不到实惠，极大影响了党和政府的形象。党的十八大以来，习近平总书记多次指出两面人问题，并强调这种口是心非的两面人对党和人民事业危害很大，必须及时把他们辨别出来、清除出去。党员领导干部蜕变成两面人、两面派，除了畸形的主观因素以外，还是一些地方恶劣的政治生态共同作用的结果。主观上，党员领导干部丧失党性，为蜕变成两面人打开缺口；客观上，政治生态恶劣，善于表演作秀的人获得市场，为两面人、两面派提供了土壤。理想信念的"总开关"松了，是两面人产生的根源。对党员干部来说，思想上的滑坡是最严重的病变，"总开关"没拧紧，不能正确处理公私关系，缺乏正确的是非观、义利观、权力观、事业观，各种出轨越界、跑冒滴漏就在所难免了。两面人在背地里利欲熏心、毫无规矩意识的表现，正是思想滑坡、理想信念丧失的反映。

阳奉阴违的两面人行为的本质特征，从行为构成来说，就是贯彻落实党中央决策部署表面上遵从，暗地里违抗，是政治上蜕变的突出表现。衡量是否属于搞两面派、做两面人，根本标准就是政治标准，就是看对党是否忠诚老实，看表里行为是否体现突出的两面性和政治危害性。大量案件表明，党内一些人在这方面问题突出，说一套、做一套，台上一套、台下一套，当面一套、背后一套，隐藏很深，危害很大。我们党始终旗帜鲜明地反对搞两面派、做两面人。党章第三条将"对党忠诚老实，言行一致"，"反对阳奉阴违的两面派行为和一切阴谋诡计"作为党员必须履行的义务，将"对党忠诚"写入入党誓词。《关于新形势下党内政治生活的若干准则》规定，"党的各级组织和全体党员必须对党忠诚老实、光明磊落，说老实话、办老实事、做老实人"，"反对搞两面派、做'两面人'"。《中国共产党纪律处分条例》第五十八条规定，对党不忠诚不老实，表里不一，阳奉阴违，欺上瞒下，搞两面派，做两面人，在政治上造成不良影响的，给予警告或者严重警告处分；情节较重的，给予撤销党内职务或者留党察看处分；情节严重的，给予开除党籍处分。搞两面派，做两面人的行为，违背党员义务，损害党的团结和统一，损害党和人民利益，涣散党的组织，透支党的信誉，损害党的形象，危害很大。党员、干部必须严格遵守党章、准则要求，对照党章党规党纪要求，切实做到对党组织忠诚老实、襟怀坦白、言行一致。

二要突出重点领域，严厉惩治国企、金融、政法、粮食购销、经济开发区等领域腐败问题，着重抓好金融、国企、能源、消防、烟草、医药、高校、体育、开发区、工程建设和招投标等领域系统整治，对风险隐患大的行业性、系统性腐败，坚决揭开盖子、彻底深挖根子。认识反腐败斗争，一定要有历史眼光、战略高度，着眼于实现党的使命任务。国企、金融、能源等领域关乎国计民生，关乎人民群众获得感幸福感安全感。这些重点领域大多政策支持力度大、投资密集、资源集中，腐败问题易发多发，任由其滋生蔓延势必造成严重危害。贯彻落实全会精神，要紧盯重点领域和关键环节，坚决清理风险隐患大的行业性、系统性腐败，推动一个问题一个问题解决、一个环节一个环节突破、一个领域一个领域治理，推动领域治理向全域治理拓展。

相较于传统的职务犯罪类型，金融领域工作人员职务犯罪往往具有隐蔽性深、专业性强、危害性大等特点。据不完全统计，2023年金融领域至少有101名干部被查，包括8位中管干部，分别是中国银行原党委书记、董事长刘连舸，中国光大集团股份公司原党委书记、董事长李晓鹏，中国光大集团股份公司原党委书记、董事长唐双宁，中国工商银行原党委委员、副行长张红力，中国工商银行原党委委员、纪委书记刘立宪，国家开发银行原党委委员、副行长王用生，国家开发银行原党委委员、副行长周清玉，中国太平保险集团有限责任公司党委委员、副总经理肖星。从近年来查办的金融腐败案件和处理的金融风险事件来看，金融机构管理人员一旦发生腐败，往往会对所在机构和人民群众的利益带来重大损失。当前，金融系统涉及信贷审批、资金管理、项目建设、资产管理、工程招投标、物资采购等权力集中、资金技术密集领域的廉洁风险防控形势依然严峻。金融领域防控压力传导层层递减，廉洁风险防控"上热中温下冷"现象较多。一些央企、国企下属子公司分布空间广、人员层级复杂，使得监管难以延伸到基层，廉洁风险防控难以落实到"神经末梢"。这导致的一个后果就是，作为具体业务工作执行者的基层党员干部职工底线意识、法治观念相对淡薄，对廉洁风险缺乏警惕，容易被渗透、被腐蚀。金融腐败背后潜藏着金融风险，严重威胁国家金融安全，多名金融领域高官落马，释放出的正是坚决清除金融领域"内鬼"、持续深化金融领域反腐败工作的强烈信号。

除了严肃查处金融领域腐败之外，近年来还着重查处了其他重点领域的腐败问题。例如在国企领域，近年来查处的有鞍钢集团有限公司董事会办公室专职董事熊宏启、湖南航天有限责任公司原董事长焦继革、安徽省交通控股集团有限公司原副总经理夏柱兵等；消防领域的有重庆市消防救援总队总队长李俊东、深圳市消防救援支队支队长王帅；烟草领域的有国家烟草专卖局原党组成员、副局长张天峰；医药领域的有中国医药集团有限公司总会计师杨珊华；体育领域的有国家体育总局排球运动管理中心原主任李全强。2025年1月17日，中央纪委国家监委网站发布消息，国家烟草专卖局原党组成员、副局长张天峰涉嫌严重违纪违法，目前正接受中央纪委国家监委纪律审查和监察调查。张天峰是 2025 年中央纪委国家监委公开通报被查的首个中管干部。公开简历显示，张天峰，男，汉族，1963 年 4 月生，高级工商管理硕士，中共党员，历任宁夏回族自治区烟草专卖局（公司）党组成员、副总经理，陕西省烟草专卖局（公司）党组成员、副总经理，陕西省烟草专卖局（公司）党组书记、局长、总经理，国家烟草专卖局人事司司长（正厅级）等职，2020 年任国家烟草专卖局党组成员、副局长，2023 年 6 月被免职。国家烟草专卖局于 1984 年正式设立，与中国烟草总公司实行"一套机构、两块牌子"，对烟草专卖进行全面行政管理。截至目前，国家烟草专卖局已有 6 名副局长以上级别官员被查。

再比如，近几年针对开发区领域的反腐力度明显增大。与一般行政区相比，经济开发区、中央商务区、高新技术开发区等经济功能区主要以开发建设为主，重大项目运作密集、资金体量大，与企业、投资商之间接触机会多，廉洁风险也随之增大。特别是中央商务区、经济技术开发区享有国家诸多优惠政策，被赋予大量的人、财、物权，部门职能高度集约，干部一人多岗现象较为普遍，权力过于集中也成为滋生腐败的一个原因。一些地方的开发区为了加快项目建设进度，讲究特事特办，在征地拆迁、施工建设等环节上实行"先建后补手续"，为权力寻租带来可乘之机，使得经济开发区成为腐败易发多发地。近几年通报的典型案例就有山东烟台经济技术开发区原工委委员、管委副主任、工委组织部部长李国友，滨州市高新技术产业开发区原党工委书记、管委会主任李福友，湖南郴州经济开发区党委原副书记、管委会原主任靳卫，浙江省金华市政府原副秘书长，多湖中央商务区原党委书记、管委会主任陆峰等，而 2019 年通报的内蒙古呼和浩特市经济技术开发区党工委原书记李建平案则是其中的典型。

2019年8月22日，据内蒙古自治区纪委监委消息：经内蒙古自治区党委批准，内蒙古自治区纪委监委对呼和浩特经济技术开发区党工委原书记李建平严重违纪违法问题进行了立案审查调查。经查，李建平理想信念完全丧失，党性原则荡然无存，行为底线全面失守，违反中央八项规定精神，长期占用下属单位车辆，不如实报告个人有关事项，在组织函询时不如实说明问题，未经批准多次出入国（边）境；毫无纪律和法律意识，把分管领域当成"私人领地"，要求下属公司为私营企业提供办公场所并进行装修，把下属企业当成自己的"钱袋子"和"提款机"，指使下属国有公司挪用专项资金，在购买住房过程中侵犯国家利益。长期"亦官亦商"，与不法商人勾肩搭背、沆瀣一气，大肆非法攫取巨额经济利益。生活腐化堕落，多次到境外赌博，造成不良影响。2019年8月，李建平严重违纪违法被开除党籍和公职。2021年7月6日，在中国检察网上，内蒙古自治区科右中旗人民检察院公布的一份行贿罪起诉书透露，东晟房地产开发有限责任公司法人代表杨进东累计向李建平行贿高达5.778亿元。2022年9月27日，李建平案一审宣判，对李建平以贪污罪判处死刑。2023年8月17日，李建平案二审开庭。2024年8月27日，李建平案二审宣判，维持死刑判决，并依法报请最高人民法院核准；12月17日上午，李建平被执行死刑。

这些接连落马的开发区领导干部警示我们，越是经济开发的重点区域，越应成为监管重地。经济开发区在推进简政放权时，监督一定要跟上，不能放而不管，要通过不断加强制度规范，压缩项目建设、征地拆迁、土地出让、规划管理等环节的灰色空间。在紧盯重点领域、重点行业的同时，要特别加强对"一把手"和关键岗位等重点对象的监督。一个地方和部门全面从严治党局面如何，关键在于党组织和领导干部特别是"一把手"是否尽到了责任。在实践中，有的部门和单位党组织主体责任虚化、管党治党力度不够，"一把手"第一责任人责任落实不到位，甚至带头搞腐败，对政治生态的破坏尤为恶劣，对此，必须严肃查处。

三要突出群众关切，做深做实基层监督，深入纠治民生领域微腐败、黑恶势力"保护伞"、惠民政策落实"绊脚石"，坚决查处一切损害群众利益的腐败和不正之风。坚决整治群众身边的腐败和不正之风是新时代全面从严治党的一个鲜明特征。整治群众身边不正之风和腐败问题，是老百姓期盼的实事，是关系党的执政根基的大事，实际上是把以人民为中心的发展思想刻印在心、见之于行。习近平总书记多次对整治群众身边不正之风和腐败问题作出重要指示，强调要牢记"江山就是人民、人民就是江山""坚持纠正一切损害群众利益的腐败和不正之风，让人民群众感到公平正义就在身边"。千里之堤，溃于蚁穴。"蝇贪蚁腐"，贻害无穷。发生在基层一线、集中在民生领域的"微腐败"，直接损害人民群众的切身利益，侵蚀党的执政根基。在二十届中央纪委三次全会上，习近平总书记明确要求惩治"蝇贪蚁腐"，瞄准教育、就业、医疗等民生领域的痛点难点开展集中整治，让群众有更多获得感。二十届中央纪委四次全会，聚焦"县以下这一关键环节、薄弱环节"，直达正风肃纪反腐"最后一公里"。"蝇贪蚁腐"离人民群众最近，老百姓感受最直接、最深刻。无论是从学生盘中餐上"薅羊毛"拿回扣，还是整顿医药领域乱象，还是在利益分配中动手脚优亲厚友，损害的都是人民群众的切身利益。聚焦民生"小事"

反腐败，则有利于推动改革发展成果更好更公平惠及广大人民群众。

中央纪委国家监委通报数据显示，2024年，全国纪检监察机关共查处群众身边不正之风和腐败问题59.6万个、处分46.2万人，移送检察机关1.5万人。各级纪检监察机关上下联动发力，将责任层层压实到县级"主战场"。2024年1月至9月，全国各级纪检监察机关对乡科级干部8.9万人立案，对现任或原任村党支部书记、村委会主任7.7万人立案。因此，要想打赢反腐败斗争攻坚战，必须继续保持惩治腐败的高压态势，以零容忍态度推进反腐败斗争。以零容忍态度推进不敢腐，意味着要持续不断打击任何形式的腐败行为，采取严厉措施，坚持一视同仁，"老虎""苍蝇"一起打。惩治腐败，除了"惩"，更要重视"治"，既要继续紧盯重点问题、重点领域、重点对象、新型腐败和隐性腐败，善于运用纪律处分、国家刑罚等各种处理手段对个案精准打击，又要推动从个案清除、重点惩治向系统整治、全域治理转变。这种转变强调的是一种从点到面、从局部到整体的综合治理策略，旨在通过系统性的方法来解决腐败治理难题。

二、坚定打赢反腐败持久战的如磐恒心

从语义学上看，持久是指维持长久。《战国策·赵策四》中说："今得强赵之兵，以杜燕将，旷日持久，数岁，令士大夫余子之力，尽于沟垒。"《资治通鉴》中说："历久不变。今寇众我寡，难与持久。"宋朝曾巩《熙宁转对疏》："如是而用之以持久，资之以不息，则积其小者必至于大，积其微者必至于显。"持久战，即持续时间较长的作战，是相对于速决战而言，可以分为战略的持久战和战役、战斗的持久战。战争中正义的一方，在敌强己弱的情况下，通常在战略上采用持久战的方针，通过长期的作战，逐步削弱敌人，转劣势为优势，变被动为主动，最后赢得战争的胜利。战役、战斗的持久战，通常是在特定的情况和需要下进行。历来兵家多忌旷日持久的战争，主张速战速决。但也有的主张以持久战疲惫、消耗对方，而后击败之。

反腐败斗争是一场持久战。冰冻三尺非一日之寒，铲除腐败滋生土壤和条件任务仍然艰巨繁重。腐败和权力往往相伴而生，自人类进入阶级社会以来便如影随形，这决定了同腐败作斗争是一个长期的历史过程。同时，腐败滋生的土壤和条件是长期积累叠加的结果，彻底铲除不可能一蹴而就，更不可能一劳永逸。只要滋生腐败的土壤和条件仍然存在，反腐败斗争就永远在路上。习近平总书记在二十届中央纪委四次全会上强调："要始终保持反腐败永远在路上的坚韧执着，保持战略定力和高压态势，一步不停歇、半步不退让，一体推进不敢腐、不能腐、不想腐，坚决打好这场攻坚战、持久战、总体战。"这一重要指示，明确了我们党推进反腐败斗争的鲜明立场、根本态度和基本方针，为深入推进全面从严治党提供了重要遵循。

"一步不停歇、半步不退让"，这是闯关夺隘的冲锋号、掷地有声的动员令。做到这一点，要求我们既要有坚决态度，又要有切实行动，找准反腐败斗争的着力点和突破口，在遏制增量、清除存量上见真章、求实效。我们绝不能低估腐败的顽固性和危害性，对反腐败斗争形势要异常清醒、态度要异常坚决。只要存在腐败问题产生的土壤和条件，腐败现象就不会根除。必须不断完善一体推进"三不腐"常态化、长效化制度机制，高扬彻底的自我革命精神，驰而不息推进反腐败，持之以恒、久久为功，坚决清除一切侵蚀党的健康肌体的病毒，坚决将反腐败斗争进行到底，坚决打赢这场输不起也决不能输的重大政治斗争。

腐败污染政治生态、破坏公平正义、损害营商环境、侵害群众利益、积累风险隐患，是国之大敌，党之大敌，民之大敌。作为关系党和国家前途命运的重大政治斗争，驰而不息、坚定不移反对腐败，是党的性质和国家性质所决定的，是一体推进不敢腐、不能腐、不想腐必须坚定的政治立场。二十届中央纪委三次全会强调，反腐败斗争已经进入深水区，绝对不能回头、不能松懈、不能慈悲，必须持续发力、纵深推进，一体推进不敢腐、不能腐、不想腐，同时发力、同向发力、综合发力，不断铲除腐败滋生的土壤和条件。这是新征程开展反腐败斗争的着力点，也是集中整治群众身边不正之风和腐败问题的攻坚点。

腐败是阻碍社会公平正义的"拦路虎"、羁绊事业进步发展的"绊马索"，是党长期执政的最大威胁。反腐倡廉，既是党自我革命的有力抓手，更是万千百姓的呼声期盼，为此，反腐败在任何时候都绝对不能回头、不能松懈、不能慈悲，必须永远吹冲锋号、永远在路上。铲除腐败滋生的土壤和条件，必须持续发力。近年来，围绕党和国家中心任务，各级纪检监察机关持续强化政治监督，深入推进正风肃纪反腐，扎实开展党纪学习教育，推动贯彻落实中央八项规定精神走深走实，巩固拓展主题教育和教育整顿成果，始终保持力度不减、节奏不变、尺度不松，瞄准教育、就业、医疗等民生领域的痛点难点，集中整治群众身边不正之风和腐败问题，深化乡村振兴领域不正之风和腐败问题专项整治，深挖彻查一批群众反映强烈、社会关注度高的案件，推动集中整治和专项整治取得阶段性明显成效，让永远吹冲锋号成为坚决铲除腐败滋生土壤和条件的鲜明标识。

办案是最有力的监督，也是最有力的震慑，彰显惩治贪腐行为的零容忍态度。可以说，查办案件既是反腐败最直接、最有效的方式，也是最有力、最深入的监督，更是铲除腐败滋生土壤和条件的锐利武器。反腐败斗争进入深水区，腐败存量还未清底、增量仍有发生，已经成为腐败滋生土壤和条件尚未彻底根除的印证。坚定不移把反腐败斗争向纵深推进，必须对症下药、精准施治、多措并举，坚持把查办案件摆在突出位置，突出办好"骨头案""钉子案"，推动办案、整改、监督、治理有效贯通，不断提高腐败成本、减少腐败机会、消除腐败动机，提高惩治腐败综合效能，从根本上巩固来之不易的胜利成果，向着根本解决腐败问题的目标不断迈进。

三、坚定打赢反腐败总体战的坚强决心

从语义学上看，总体是若干个体合成的事物全部，也就是整体。总体战，又称为全面战争，是一种强调动员全民力量参与战争，将一切社会资源服从于战争利益的战略思想。该理论最早由德国将领鲁登道夫在 20 世纪初提出，其核心思想是战争不再仅仅局限于军事领域，而是需要动员政治、经济、文化、科技、外交等各条战线的斗争紧密配合，协调一致地发挥国家的整体力量，以确保战争的胜利。总体战理论强调的集中全部力量进行战争、力保战争取得胜利的理念，对于现代国防动员建设具有重要的指导意义。同时，总体战理论也提醒我们，在追求和平与发展的同时，必须时刻保持警惕，加强国防建设，确保国家的安全和稳定。

反腐败斗争是一项系统工程，必须强化系统思维和全局观念。2022 年 6 月，习近平总书记在十九届中央政治局第四十次集体学习时指出，"要把反腐败斗争同党的政治建设、思想建设、组织建设、作风建设、纪律建设、制度建设贯通协同起来，发挥政治监督、思想教育、组织管理、作风整治、纪律执行、制度完善在防治腐败中的重要作用，打好总体战"。要一体推进不敢腐、不能腐、不想腐，三者同时发力、同向发力、综合发力，把不敢腐的强大震慑效能、不能腐的刚性制度约束、不想腐的思想教育优势融为一体，用"全周期管理"方式，推动各项措施在政策取向上相互配合、在实施过程中相互促进、在工作成效上相得益彰，形成反腐败斗争强大合力。

腐败是多种因素交互作用的结果，只有坚持全党动手一起抓，发挥好党总揽全局、协调各方的作用，才能有效动员各方力量形成反腐败"一盘棋"，把党的政治优势、组织优势、制度优势转化为制胜优势。打好反腐败斗争总体战要以凝聚各方力量为支撑，建立党委领导下的纪检监察机关与组织、宣传、政法、审计等部门常态化沟通机制，推动在干部管理监督、宣传教育、制度落实、执法司法等领域形成合力，健全各负其责、统一协调的一体推进"三不腐"机制格局。推动反腐败斗争同党的政治建设、思想建设、组织建设、作风建设、纪律建设、制度建设贯通协同起来，更好发挥政治监督、思想教育、组织管理、作风整治、纪律执行、制度完善在防治腐败中的重要作用。

新时代以来，习近平总书记从关系党和国家生死存亡的高度，以强烈的历史责任感、深沉的使命忧患感、顽强的意志品质，把全面从严治党纳入"四个全面"战略布局，带领全党开展了史无前例的反腐败斗争。我们坚持"打虎"无禁区，谁也没有免罪的"丹书铁券"，谁也不是"铁帽子王"。党的十八大至党的二十大前夕，超过 500 名中管干部被立案审查调查。2023 年、2024 年，中央纪委国家监委网站分别公布 45 名、58 名中管干部接受审查调查信息。"拍蝇"不手软，反腐败斗争向基层延伸、向群众身边延伸。党的十九大至 2022

年 4 月，全国查处民生领域腐败和作风问题 49.6 万个。2024 年，"拍蝇"再加力，查处群众身边不正之风和腐败问题超 70 万件。"猎狐"不止步，即使逃到天涯海角，也要追回来绳之以法。党的十九大至党的二十大前夕，"天网行动"追回外逃人员 6900 人，追回赃款 327.86亿元。2024 年 1 月至 11 月，"天网 2024"行动又追回外逃人员 1306 人，追回赃款 154.44 亿元。

　　进入新时代，面对党内党风廉政建设和反腐败斗争的突出问题，我们党坚持无禁区、全覆盖、零容忍，不敢腐、不能腐、不想腐一体推进，反腐败斗争取得压倒性胜利并全面巩固，管党治党宽松软状况得到根本扭转，党的自我净化、自我完善、自我革新、自我提高能力显著增强，探索出依靠自我革命跳出历史周期率的有效途径，百年大党在自我革命中不断焕发蓬勃生机，红色江山更加巩固。"民心是最大的政治，正义是最强的力量。"人民群众最痛恨腐败，反腐败顺党心、合民意。新时代，我们党坚持有腐必反、有贪必肃，不断纯洁干部队伍，以正风肃纪反腐凝聚党心军心民心，重塑了在困难面前万众一心、众志成城的党群关系，赢得了党团结带领全体人民为强国建设、民族复兴伟业共同奋斗的历史主动。

第五讲

一体推进不敢腐、不能腐、不想腐

一体推进不敢腐、不能腐、不想腐，既是反腐败斗争基本方针，也是新时代全面从严治党重要方略。腐败是多种因素长期积累、交互作用的结果，腐败成因复杂性决定了必须整体而非局部、系统而非零碎地推进反腐败斗争。新时代新征程，打好反腐败斗争攻坚战、持久战、总体战，必须深刻把握一体推进不敢腐、不能腐、不想腐方针方略，标本兼治、系统施治，着力铲除腐败滋生的土壤和条件。

一、发挥不敢腐的强大震慑效能

党的十八大以来，以习近平同志为核心的党中央，以巨大的政治勇气和历史担当，加大反腐败斗争力度、严肃查处腐败分子，有力地打击了腐败分子的嚣张气焰。在看到全面从严治党取得的新进展新成效的同时，也要清醒地认识到当前反腐败斗争形势的严峻性复杂性，特别是党面临的"四大考验""四种危险"长期存在，遏制增量、清除存量的任务依然艰巨，容不得半点松懈和停顿。对此，习近平总书记指出，干任何事情，坚忍不拔才能胜利，半途而废必将一事无成。反腐败斗争更是如此，不可能毕其功于一役。正因如此，面对减少腐败存量、遏制腐败增量、重构政治生态的艰巨繁重任务，习近平总书记强调："党风廉政建设和反腐败斗争永远在路上。"从严峻性上看，近年来腐败现象趋于减缓，但腐败程度和腐败性质却日趋严重，集中体现在区域性腐败、系统性腐败、家族式腐败、塌方式腐败等不断发生，特别是在反腐败斗争高压态势下，少数人依然不收敛不收手不知止，甚至还变本加厉、顶风作案、我行我素，性质极其恶劣。从复杂性上讲，区域性腐败和领域性腐败交织，用人腐败和用权腐败共存，体制外和体制内挂钩，权钱交易、权色交易、权权交易同在，利益关系错综复杂、盘根错节，形成了"共腐关系圈"，更严重的是，有些人搞官商勾结、上下勾连，腐败问题和政治问题相互渗透，严重危害党的领导和党的团结统一。

习近平总书记指出，反腐败是一场必须赢的较量，是一场输不起的斗争。党与腐败水火不容，人民对腐败深恶痛绝。不得罪成百上千的腐败分子，就要得罪14亿人民，也要得罪听党话、守规矩的广大党员干部；任凭腐败蔓延就会亡党亡国，真反腐败才能兴党兴国。这笔再明白不过的民心账、政治账，决定了反腐败斗争没有禁区，没有特区，也不能有盲区，要求反腐败斗争必须始终坚持态度不能变、决心不能减、勇气不能泄、尺度不能松。全党必须牢记，反对腐败是党心民心所向，惩治腐败是为了赢得党心民心。中国共产党的根本宗旨就是全心全意为人民服务。而腐败作为运用公共权力谋取私人利益的行为，是对人民权利的侵夺，与人民利益、与党和国家利益水火不容。我们要冷静清醒地认识党风廉政建设和反腐败斗争的长期性、复杂性、艰巨性，保持坚强政治定力，坚定必胜信心，坚持不懈地抓下去，让人民群众不断看到实实在在的成效和变化，回应群众期盼、赢得党心民心。习近平总书记强调，腐败是社会毒瘤，如果任凭腐败问题愈演愈烈，最终必然亡党亡国。必须继续保持反腐败高压态势，坚持以零容忍态度惩治腐败，以猛药去疴、重典治乱的决心，以刮骨疗毒、壮士断腕的勇气，坚决把党风廉政建设和反腐败斗争进行到底。习近平总书记强调，深入推进反腐败斗争要"抓早抓小，有病就马上治，发现问题就及时处理，不能养痈遗患"；要注重纪律约束，使"纪律成为带电的高压线",让每个干部牢记"手莫伸,伸手必被捉"的道理;要突出有案必查,有腐必反,纪律法律面前人人平等,切实增强反腐败斗争的责任感和使命感、精准性与实效性。

巩固发展反腐败斗争压倒性胜利,必须坚持严的主基调不动摇。保持反腐败政治定力,要做到态度不变、决心不减、尺度不松,坚持无禁区、全覆盖、零容忍,坚持重遏制、强高压、长震慑,坚持受贿行贿一起查,有腐必反、有贪必肃,确保惩治这一手任何时候都不放松,坚决把增量遏制住、把存量清除掉。从 2012 年 12 月到 2021 年 5 月,在党中央坚强领导下,纪检监察机关共立案审查调查省部级以上领导干部 392 人、厅局级干部 2.2 万人、县处级干部 17 万余人、乡科级干部 61.6 万人;查处落实中央八项规定精神不力问题、"四风"问题 62.65 万起。在 2016 年,就有 28 名原省部级以上贪官被判刑,仅仅在 9 月 30 日到 10 月 19 日的二十天时间里,8 名贪腐分子案件进行了一审宣判,包括山西省委原常委统战部长白云、山西省委原常委秘书长聂春玉、山西省人大常委会原副主任金道铭、海南省原副省长谭力、中国科协原党组书记常务副主席申维辰、全国人大环资委原副主任委员白恩培、山东省委原常委,济南市委原书记王敏、广东省委原常委、广州市委原书记万庆良。其中,在白恩培受贿、巨额财产来源不明一案中,法院首次适用刑法修正案(九)中的"终身监禁"条款,在决定对白恩培执行死刑,缓期两年执行的同时,宣告其死刑缓期执行 2 年期满依法减为无期徒刑后,终身监禁,不得减刑、假释。盘点 28 名官员所获刑罚,1 人死刑,2 人死缓,6 人无期徒刑,17 人获 10 年以上有期徒刑。其中,内蒙古自治区政协原副主席赵黎平被法院认定犯有"罪行极其严重"的故意杀人罪,成为党的十八大后被判处死刑立即执行的省部级高官，并于 2017 年经过最高人民法院核准后执行了死刑。在这种打虎的高压势头下，有力地震慑了贪腐分子的嚣张气焰，营造了"不敢腐"的良好氛围。

为了进一步强化"不敢腐"的氛围，2017 年中共中央办公厅、国务院办公厅印发了《领导干部报告个人有关事项规定》和《领导干部个人有关事项报告查核结果处理办法》，并发出通知，要求各级党委（党组）认真遵照执行。办好中国的事情，关键在党，关键在党要管党、从严治党。党要管党，首先是管好干部；从严治党，关键是从严治吏。严格执行领导干部个人有关事项报告制度，就是从严管党治吏的一项重要抓手。以钉钉子精神，狠抓领导干部个人有关事项报告制度落实，持续发力、久久为功，使其成为全面从严管党治吏的一把利器。出台这两部党内法规，是贯彻落实习近平总书记关于个人有关事项报告制度指示要求和党中央新精神的重要举措；是总结党的十八大以来贯彻执行报告制度实践经验的制度成果；是与时俱进解决新情况新问题的现实需要。这两部党内法规的贯彻执行，必将在推进全面从严治党向纵深发展，促使领导干部对党忠诚、遵规守纪、诚实守信中发挥重要的作用。"法令既行，纪律自正，则无不治之国。"全面从严治党，必须增强管党治党意识、落实管党治党责任。如果不追究制度不执行、不落实的责任，必然导致制度悬空、形同虚设。党中央已经正式印发两项党内法规，接下来关键是要认真贯彻和严格执行，把制度落实到位，落地生根。要把思想和认识统一到党中央精神上来，认真履行职责，以更大的决心、更大的勇气、更大的气力，抓紧抓好这两部党内法规的贯彻执行，加强抽查核实，敢于较真碰硬，对不如实报告或者存在其他问题的要严肃处理，切实维护报告制度的严肃性和权威性，使其在全面从严治党中发挥更大作用。可以说，这两部党内法规的出台实施，是贯彻党中央全面从严治党战略布局、加强领导干部管理监督的又一重大举措，对于进一步严明党的政治纪律和组织纪律，从严管理监督干部，对构建"不敢腐"的反腐败机制，具有十分重要的意义。

发挥不敢腐的强大震慑作用，还体现在对贪腐行为的定罪量刑上，在这个问题上，赖小民案具有极强的昭示意义。改革开放以来，在经济全球化影响下，为了适应国际环境的要求和凸显对生命的尊重、对人权的保障，我国先后取消了13项经济犯罪的死刑。从1978年到2024年，我国被判处死刑的腐败分子屈指可数。其中，赖小民案是党的十八大以来因贪污贿赂犯罪被判处死刑并执行死刑的第一案。

2018年10月15日，据中央纪委国家监委消息：中央纪委国家监委对中国华融资产管理股份有限公司原党委书记、董事长赖小民严重违纪违法问题进行了立案审查调查。经查，赖小民违反政治纪律和政治规矩，违背中央金融工作方针政策，盲目扩张、无序经营导致公司严重偏离主责主业，不履行全面从严治党主体责任，造成恶劣政治影响；搞政治投机，为个人职务升迁拉关系，搞美化宣传个人，捞取政治资本，参加迷信活动，对抗组织审查。违反中央八项规定精神，讲排场、摆阔气，挥霍浪费国家财产，违规组织公款宴请，频繁在私人会所和高档餐厅接受私营企业主宴请，安排或接受下属单位公款接待亲属旅游。违反组织纪律，在人大代表选举和干部推荐过程中搞非组织活动，在干部选拔任用过程中任人唯权、任人唯利、任人唯圈，严重污染企业政治生态；在组织函询时不如实说明问题，不按规定报告个人有关事项。违反廉洁纪律，收受礼品、礼金，利用职权或职务影响为亲友经营活动牟利，与多名女性搞权色交易。违反工作纪律，违规决定公司重大事项，越级插手具体项目。利用职务上的便利或职权、地位形成的便利条件，为他人谋取利益并收受巨额财物涉嫌受贿犯罪；利用职务上的便利，非法占有公共财物涉嫌贪污犯罪。

赖小民身为党员领导干部，理想信念完全丧失，党性原则荡然无存，擅权妄为、腐化堕落、道德败坏、生活奢靡，甘于被"围猎"，严重违反党的纪律，构成职务违法并涉嫌犯罪，并在党的十八大后不收敛、不收手，且毫无顾忌、不知敬畏、变本加厉，政治问题与经济问题相互交织，群众反映特别强烈、腐败问题特别严重、性质特别恶劣，应予严肃处理。依据《中国共产党纪律处分条例》《中华人民共和国监察法》等有关规定，经中央纪委常委会会议研究，决定给予赖小民开除党籍处分；由国家监委给予其开除公职处分；收缴其违纪违法所得；将其涉嫌犯罪问题移送检察机关依法审查起诉，所涉财物随案移送。

2018 年 11 月 7 日，据最高人民检察院官方网站消息，中国华融资产管理股份有限公司原党委书记、董事长赖小民案件，由国家监察委员会调查终结，移送检察机关审查起诉。经最高人民检察院指定管辖，由天津市人民检察院第二分院审查起诉。天津市人民检察院第二分院依法对赖小民作出逮捕决定。2019 年 2 月，中国华融资产管理股份有限公司原党委书记、董事长赖小民涉嫌受贿、贪污、重婚一案，由国家监察委员会立案调查，调查终结后移送最高人民检察院审查起诉，经最高人民检察院依法指定管辖，交由天津市人民检察院第二分院审查起诉。天津市人民检察院第二分院已向天津市第二中级人民法院提起公诉。

2020年8月11日，天津市第二中级人民法院一审公开开庭审理了中国华融资产管理股份有限公司原董事长赖小民受贿、贪污、重婚一案。2021年1月5日，天津市第二中级人民法院公开宣判由天津市人民检察院第二分院提起公诉的中国华融资产管理股份有限公司原党委书记、董事长赖小民受贿、贪污、重婚一案，对被告人赖小民以受贿罪判处死刑，剥夺政治权利终身，并处没收个人全部财产；以贪污罪，判处有期徒刑十一年，并处没收个人财产人民币二百万元；以重婚罪，判处有期徒刑一年；决定执行死刑，剥夺政治权利终身，并处没收个人全部财产。对赖小民受贿所得财物及其孳息予以追缴，上缴国库，不足部分，继续追缴；对贪污所得财物依法发还被害单位。天津市第二中级人民法院认为，被告人赖小民的行为构成受贿罪、贪污罪、重婚罪。赖小民受贿犯罪数额特别巨大，情节特别严重，主观恶性极深。在22起受贿犯罪事实中，有3起受贿犯罪数额分别在2亿元、4亿元、6亿元以上，另有6起受贿犯罪数额均在4000万元以上。同时，赖小民具有主动向他人索取贿赂和为他人职务调整、提拔提供帮助收受他人财物等从重处罚情节。赖小民在犯罪活动中，利用国有金融企业负责人的职权，违规决定公司重大项目，越级插手具体项目，为他人谋取不正当利益，危害国家金融安全和金融稳定，社会影响极其恶劣。赖小民目无法纪，极其贪婪，大部分犯罪行为均发生在党的十八大之后，属于典型的不收敛、不收手、顶风作案，并使国家和人民利益遭受特别重大损失，社会危害极大，罪行极其严重，依法应予严惩。虽然赖小民提供下属人员重大犯罪线索并经查证属实，具有重大立功表现，但综合其所犯受贿罪的事实、性质、情节和对于社会的危害程度，不足以对其从宽处罚。法庭遂作出上述判决。

宣判后，赖小民提出上诉。天津市高级人民法院依法立案受理，并组成合议庭公开开庭进行了审理。庭审中，法庭主持检辩双方对相关证据进行了质证，依法保护各方的诉讼权利，赖小民充分发表了自己的辩解意见，辩护人充分发表了辩护意见，赖小民还进行了最后陈述。天津市高级人民法院经合议庭评议、审判委员会讨论，依法作出驳回上诉、维持原判的裁定，并依法报请最高人民法院核准死刑。2021年1月29日上午，经最高人民法院核准，天津市第二中级人民法院依照法定程序对赖小民执行了死刑。

对于赖小民案，央视网专门作了"赖小民被执行死刑，彰显严惩腐败的决心和意志"的评论：作为党员领导干部，赖小民理想信念完全丧失，党性原则荡然无存，擅权妄为、腐化堕落、道德败坏、生活奢靡，甘于被"围猎"，严重违反党的纪律，尤其是大部分犯罪行为均发生在党的十八大之后，属于典型的不收敛、不收手、顶风作案，并使国家和人民利益遭受特别重大损失，社会危害极大，罪行极其严重，属于典型的"不杀不足以平民愤"，因而，判处死刑是咎由自取。赖小民案的办理凸显了全面依法治国绝不手软的"硬核"力度，彰显了我们党全面从严治党的坚定决心，向社会传递了有法必依、执法必严、违法必究的强烈信号，极大增强了人民对于全面从严治党的坚定信心。对赖小民依法执行死刑，也给那些存在侥幸心理的腐败分子敲响了警钟：党纪面前人人平等，党内没有特殊党员，没有腐败犯罪分子拥有"免死金牌"。要时刻牢记：权力来源于人民。谁若是私欲膨胀、以权谋私、贪污腐化，谁就背叛了人民。对此，党纪绝不姑息，法律绝不纵容，人民绝不答应，滥用权力者必将受到应有的惩罚和审判。

治国必先治党，治党务必从严。党的十八大以来，一系列正风肃纪的"组合拳"、一系列"打虎""拍蝇"的行动昭示我们：反腐没有禁区，也没有死角，更没有例外。党纪国法是不可触碰的"高压线"。无论是谁，不管地位多高、权力多大、功绩多大，只要触犯党纪国法，都将会被一查到底，严惩不贷！

腐败是执政党面临的最大危险，我们党与腐败水火不容。这些年来，党风廉政建设和反腐败斗争取得了历史性成就，但形势依旧严峻复杂，新旧问题交织并发，腐败滋长仍有温床，反腐败没有退路，必须知难而进、驰而不息，把严的主基调长期坚持下去，将权力装进制度的笼子里，以永远在路上的劲头和勇气向腐败宣战，与腐败问题斗争到底。

二、发挥不能腐的刚性制度约束

　　腐败的实质是以权谋私，反腐败的核心是管住权力。习近平总书记强调，没有健全的制度，权力没有关进制度的笼子里，腐败现象就控制不住。要在制度的严密性上下功夫，要紧一点，朝严一点的标准努力，切不可"麻秆打狼""牛栏关猫"。强化权力运行制约和监督体系建设，必须针对权力配置、权力行使、权力运行中存在的突出问题，积极推进制度创新，探索建立"结构合理、配置科学、程序严密、制约有效、监督有力"的权力运行体系，把管权制度之"笼"扎紧关严。"权力必然导致腐败，绝对的权力导致绝对的腐败"。权力过于集中而缺乏有效制约，是一定会产生腐败的，必须把构建科学有效的权力制约和协调机制作为构建"不能腐"反腐机制的重点，实行简政放权。简政放权是激发市场、社会创造活力最直接的改革举措。要把简政放权、放管结合作为政府权力"瘦身"、廉政"强身"的"先手棋"，下决心把该放的权力放下去，最大限度地减少政府对微观事务的管理，把市场机制能有效调节的交给市场，把社会力量能落实办好的交给社会，把直接面向基层、量大面广、由地方管理更方便有效的交给地方和基层，把政府该管的管住管好。限定住权力的扩张膨胀，就遏制住了权力腐败的源头。因为，权力不论大小，只要不受到监督，都可能被滥用，所以必须对权力进行限制。

除了权力本身会异化变质之外，行使权力的人也有腐化变质的可能性，对其要加强思想政治教育，坚定理想信念，加强提醒监督。各级领导干部尤其是一把手责任重大、权力相对集中，还有些管人、管钱、管物、管政策、管项目、管部门手握审批利器、掌管生杀予夺大权，会天然带来权力优越感，滋生"寻租"意识，自觉不自觉地沦为被不法分子围猎的对象，很容易就走向腐败道路。因此，要强化对一把手行使权力的监督，对于"三重一大"，如重大问题决定、重要人事任免、重大项目安排、大额资金使用，要实行集体决策，明确决策权限、决策内容和决策程序，建立决策考核评价、失误纠错和终身追责制度，最大限度消除腐败的空间。同时，紧紧抓住容易滋生腐败现象和不正之风的领域和环节，建立健全监督制度，防止权力滥用、寻租、扩张和异化。

在法治社会，一切权力主体的行为都要有法可依、依法而为，中国共产党作为执政党，执掌国家大权，是国家最高政治领导力量，必须也要在法治的轨道上运行。在这个意义上，全面从严治党必须和全面依法治国相结合，依靠严格的国法党规来规范政党的行为、限制政党的权力，预防和避免国家公权力沦为异化的工具、腐败的帮凶。现代法治精神的实质是限制权力、保障权利，通过对权力的限制来达到权利保障的目的。从法治的视角来看，所谓贪腐寻租现象不过是权力的不正当行使给国家、社会和公民权利造成危害的一种社会现象。之所以现代法治理念特别强调对权力的限制，是由权力自身的容易腐蚀性所决定的。权力的容易腐蚀性在社会上具有很多的表现形式，钱权交易、钱权交换、官商勾结、损公肥私、腐化堕落都是权力腐蚀性的具体表现形式。从权力的起源和性质上看，权力的自我腐蚀性主要表现为公共资源的不合理配置和权力运行的不受控制。首先，权力起源于人民的授权，是作为一种公共性的社会产品而出现的。权力的公共性的一个重要体现就是权力的根本目标是维护公共利益，合理配置公共资源。但是，权力的自蚀性决定了权力主体在配置公共资源时会优先考虑权力主体的部门利益、自我利益，而忽视权力行使的公共利益属性，而置公共利益于不顾，使权力成为损公肥私、贪污腐化的便利工具，从而走向贪污堕落。其次，权力具有超越于社会之上的独立性和强制性，赋予权力独立性和强制性的初衷是为了确保权力保护公共利益、维护社会秩序职能的实现。但是，权力一旦独立于人民和社会之后，就有了相对独立的利益内容和价值目标，为了确保权力自身利益的顺利实现，权力自身就会习惯性地排斥异己，结党营私，压制各种反对力量，打击报复持异议者，从而使权力沦为压制人民正当利益的工具，走向异化，成为人民权利的敌人。[1]

从本质上看，权力腐败往往和权力异化结合在一起。所谓权力异化就是指权力运行背离了自己的公共利益目的，即权力主体不是为公共利益服务，而是运用权力谋取私人利益。当权力异化为谋取私人利益的工具时，就会表现为对公共权力的滥用、对公众利益的侵害。权力的异化和腐败既有权力自身的内在原因，也有外在环境的因素。从

---

[1]　秦强：《监督权力》，人民日报出版社 2017 年版，第 77 页。

内因上看，权力自身的扩张性、可交换性和易蚀性构成了权力异化和腐败的内在根源；从外因上看，权力运行环境和制约监督机制的有效与否也是影响权力异化和腐败的重要因素。任何权力，在缺乏有效的外在监督的情况下，都将会不可避免地走上异化和腐败的道路。

权力自身的易蚀性和逐利性决定了权力具有腐败的天性，但仅仅是权力的易蚀性和逐利性并不意味着权力必然会导致腐败。权力是否会必然导致腐败，同时还与权力的配置结构和权力的运行机制是否完善密切相关。如果一个国家的权力结构合理，权力运行机制完善，尽管权力自身有腐败的冲动，也会受制于合理的权力结构和完善的运行机制而没有腐败的机会。在这个意义上，腐败的本质其实是"权力的出轨和越轨"，根源在于权力的结构失衡和运行机制的不受监控。正是在这个意义上，预防和反腐败的根本目标是要建立健全决策权、执行权、监督权既相互制约又相互协调的权力结构和运行机制，实现权力运行的有效监督和制约。所谓权力结构是指权力的组织体系，权力的配置与各种不同权力之间的相互关系。权力结构理论是伴随着人们对权力现象和权力运行机制认识的深化而逐渐产生的。权力结构理论的提出标志着权力制约理论的深入和控制腐败理论的最新发展，通过科学合理地配置权力结构来制约权力、控制腐败已经成为当今社会的普遍共识。建立健全决策权、执行权、监督权既相互制约又相互协调的权力结构和运行机制，是当前完善权力结构、规范权力运行、防止权力滥用的客观需要。从实践上看，贪污腐化现象之所以会频繁发生，权力寻租行为之所以屡禁不止，其根源在于国家权力配置的不科学合理所导致的权力结构失衡。因此，建立健全决策权、执行权、监督权既相互制约又相互协调的权力结构，形成结构合理、配置科学、程序严密、制约有效的权力运行机制就成为从根源上防治腐败的必然要求。

从腐败产生的根源上看，权力结构的配置失衡必然会导致权力的不受制约，从而导致权力运行的不受监控，最终导致了腐败现象的发生。在这个意义上，要想从根源上预防腐败的发生，需要建立健全决策权、执行权、监督权既相互制约又相互协调的权力结构，形成结构合理、配置科学、程序严密、制约有效的权力运行机制。一方面，要充分发挥监督制约效能，必须完善权力运行制约和监督方面的实体性制度和程序性规定，实现监督制约体制和机制创新，最终形成全方位、多层次的监督制约体系。另一方面，要按照权力制约和协调原则，做到决策更加科学、执行更加顺畅、监督更加有力，既保证权力高效运行，又保证权力正确行使，建立健全权力运行监控机制，推进权力运行程序化和公开透明，从而在根源上预防腐败现象的发生。

发挥不能腐的刚性制度约束，就要完善一体推进不敢腐、不能腐、不想腐工作机制，完善党和国家监督体系，完善权力配置和运行制约机制，健全巡视巡察工作体制机制，推进反腐败国家立法，持续不断深化制度改革阻断腐败滋生蔓延，充分发挥不能腐的刚性制度约束。防范和治理腐败，既要一手抓惩治始终不松不软，还要另一手抓防范更加坚强有力。只有不断完善党和国家监督体系，通过整合各类监督力量，形成监督合力，确保监督无死角、全覆盖，才能推动制度优势更好转化为治理腐败的实践效能。一方面，不断完善党内法规制度体系和反腐败法律体系，构建起严密的制度笼子，确保权力运行受到有效制约和监督；另一方面，进一步加强刚性约束，加大对制度执行情况的监督检查力度，确保制度真正发挥其应有的作用。要强化以案促改、以案促治，使严厉惩治、规范权力、教育引导紧密结合、协调联动，通过查处典型案例，深入剖析腐败问题产生的原因，查找制度上的漏洞和工作中的薄弱环节，及时整改，从而建立健全长效机制。只有常态化做好查办案件"后半篇文章"，做到既善于发现问题又善于推动解决问题，才能真正做到常态化、长效化治理腐败，有效防止类似腐败问题的再次发生。

三、发挥不想腐的思想教育优势

　　党的思想建设，是指党为保持创造力、凝聚力和战斗力而在思想理论方面所进行的一系列工作。思想建设是党的基础性建设，主要任务就是强化马克思主义理论武装，对党员进行党的基本理论、基本路线、基本方略的教育，保持全党在思想上政治上行动上的高度一致，保持党的先进性、纯洁性。坚定的理想信念，是保持党的团结统一的思想基础。习近平总书记深刻指出，"中国共产党之所以能够历经艰难困苦而不断发展壮大，很重要的一个原因就是我们党始终重视思想建党、理论强党，使全党始终保持统一的思想、坚定的意志、协调的行动、强大的战斗力"。① 这一重大论断的提出，为我们党在新的历史条件下加强党的建设特别是加强思想建党、理论强党工作指明了方向。思想建党，从根本上说，就是牢固树立共产主义理想信念，牢固树立全心全意为人民服务根本宗旨。理论强党，从根本上说，就是真

---

　　① 习近平:《在纪念马克思诞辰200周年大会上的讲话》,《人民日报》2018年05月05日。

正把马克思主义这个看家本领学精悟透用好，用马克思主义中国化时代化最新成果武装头脑、指导实践、推动工作。注重从思想上建党是马克思主义政党建设的基本原则和根本要求，也是中国共产党100多年不断发展壮大的宝贵经验和重要法宝，更是党的十八大以来管党治党的鲜明特征和首要任务。

理想信念是思想和行动的"总开关""总闸门"。对于党员干部来说，面对"四大风险"和"四大考验"，防止"三观"松动、思想滑坡尤为重要。要拧紧"总开关"，不断坚定理想信念，不断改造思想和提升能力，始终保持全心全意为人民服务的政治本色，以"三严三实"标准严格要求自己，充分发挥好内因的主导作用。习近平总书记指出，共产党人要炼就"金刚不坏之身"，必须不断培植自己的精神家园，切实解决好世界观、人生观、价值观问题，始终把思想防线筑得牢牢的。大量事实表明，一些领导干部蜕化变质，往往是从思想道德防线失守开始的。理想信念动摇，就会精神上缺"钙"，就会得"软骨病"，就可能导致政治上变质、经济上贪婪、道德上堕落、生活上腐化。在党风廉政建设和反腐败斗争中，必须把坚定理想信念作为抵御各种诱惑的决定性因素，毫不放松地加以强化。党员干部必须把全心全意为人民服务作为全部执政行为的出发点和落脚点，牢牢把握权力行使的正确指向，弄清"我是谁""为了谁""依靠谁"的问题，明确公权姓公，是属于人民的，每个干部都只是权力的行使者，不是权力的拥有者，只能用它来为人民群众谋取利益。

党的十九大提出，革命理想高于天。共产主义远大理想和中国特色社会主义共同理想，是中国共产党人的精神支柱和政治灵魂，也是保持党的团结统一的思想基础。要把坚定理想信念作为党的思想建设的首要任务，教育引导全党牢记党的宗旨，挺起共产党人的精神脊梁，解决好世界观、人生观、价值观这个"总开关"问题，自觉做共产主义远大理想和中国特色社会主义共同理想的坚定信仰者和忠实实践者。党的二十大提出，用党的创新理论武装全党是党的思想建设的根本任务。全面加强党的思想建设，坚持用习近平新时代中国特色社会主义思想统一思想、统一意志、统一行动，组织实施党的创新理论学习教育计划，建设马克思主义学习型政党。加强理想信念教育，引导全党牢记党的宗旨，解决好世界观、人生观、价值观这个总开关问题，自觉做共产主义远大理想和中国特色社会主义共同理想的坚定信仰者和忠实实践者。坚持学思用贯通、知信行统一，把习近平新时代中国特色社会主义思想转化为坚定理想、锤炼党性和指导实践、推动工作的强大力量。坚持理论武装同常态化长效化开展党史学习教育相结合，引导党员、干部不断学史明理、学史增信、学史崇德、学史力行，传承红色基因，赓续红色血脉。

思想是行动的导航仪，理论是实践的指挥棒。有思想上的解放，才有行动上的突围；有意识上的觉悟，才有行动上的自觉；有观念上的破冰，才有实践上的突破；有作风上的改进，才有发展上的前进。我们要想实践上取得进步、发展中取得突破，要想事业开创新格局、发展谱写新篇章，就必须打破传统认知的"天花板"、破除思维观念的"金箍"、突破利益固化的"旧藩篱"，大胆清除各种不合时宜的思维定式，坚决破除各种制约发展的思想障碍。在全面建设社会主义现代化国家新征程上，我们必须深入推进改革创新，坚定不移扩大开放，着力破解深层次体制机制障碍，激发改革创新活力，强化正向激励机制，充分调动推进改革的积极性、主动性、创造性，激发闯关夺隘、攻坚克难的精气神，激活千帆竞发、百舸争流的动力源，把激发创新活力同凝聚奋进力量结合起来，不断增强社会主义现代化建设的动力和活力，把我国制度优势更好转化为国家治理效能。

腐败滋生的土壤和条件不是一朝一夕形成的，而是长期积累叠加的结果，彻底铲除不可能一蹴而就，更不可能一劳永逸。我们要清醒地认识到，虽然当前反腐败斗争压倒性胜利已经形成并巩固发展，但也要看到，腐败滋生的土壤还未彻底铲除，腐败因子还在滋生并未绝迹，甚至有个别党员干部在高压反腐面前，不仅不收敛、不收手、不知止，反而还变本加厉，主动寻租，甘于被围猎，究其根源，除了外在的利诱围猎之外，一个很重要原因就是这部分人的思想意识出了问题，思想的防线没有守住、"三观"没有把牢。如果党员干部的理想信念动摇了，初心使命淡忘了，根本宗旨抛弃了，享乐主义、利益至上等不良思想倾向就会主导甚至主宰他们的思想阵地，导致思想防线失守。而一旦思想的防线被突破了，其他的防线也就自然守不住了，随之而来的就是政治上的变质、经济上的腐化、道德上的堕落、生活上的腐化，就会异变为人人喊打的贪腐分子。因此，要想从根源上铲除腐败滋生的土壤和条件，必须发挥不想腐的思想教育优势，筑牢思想防线，警惕和克服享乐主义、异化失衡、投机放松等不良心理和思想倾向。

奢靡享乐是腐败滋生的温床。奢靡享乐行为的实质是革命意志衰退、奋斗精神消减，根源是世界观、人生观、价值观不正确，拈轻怕重，贪图安逸，追求感官享受。奢靡享乐主义主要有以下具体表现：有的精神懈怠、慵懒疲沓，意志消沉、信念动摇，奉行及时行乐的人生哲学，缺乏高尚情操和健康精神生活，思想空虚，精神萎靡；有的安于现状、贪图安逸，不思进取，怕苦怕累，逃避责任，得过且过，遇到困难和矛盾绕着走，不愿意到艰苦的地方工作，更不想创造性地开展工作；有的计较待遇、攀比成风，斤斤计较个人名利得失，事情多做一点觉得吃亏，待遇稍差一点满腹牢骚，围着票子、车子、房子、位子转，心态失衡，攀比成风；有的贪图享受、追名逐利，追求"贵族化"，关注吃喝玩乐，沉湎于觥筹交错，热衷于推杯换盏，扩朋友圈，织关系网，搞自我包装和职务自我设计，处心积虑"更上一层楼"；有的讲究排场、玩风盛行，上班时间打游戏、看电影、炒股票，在公务活动中，讲排场、比阔气，铺张浪费，不重实效，对超出规定的生活待遇安之若素，借公务之机游山玩水。近年来在对贪腐案件的查处中，一些落马官员的腐败行为往往是从奢靡享乐行为开始的，贪图享乐的欲望像是无底洞，欲壑难填的心理倾向会诱发一次次的腐败行为，直至堕落到违法犯罪的深渊。

党员干部手中的权力来自人民，本来只能用来为人民谋利益。但是在市场经济条件下，党员干部手中的权力特别是审批权力也是一种稀缺资源，会吸引各方资本热切追逐，以谋求公权力为自身资本的增殖提供便利，形成权力寻租现象。寻租本来是经济学上的一个概念，主要用来解释对稀缺资源的不合理分配导致非生产性利益的产生。由于党员干部手中握有的公权力也是"稀缺资源"，自然也会成为围猎的对象，将正常的权力行使异化为权力寻租行为。特别是一些党员领导干部身居高位、掌握权力的时间久了，产生了自我膨胀心理，就把资本对公权力的追逐当成了对个人的追捧，违背了公权力的本质，使权力发生异化。在这种异化心理的作用下，他们把"权由民所赋"抛在脑后，罔顾公仆意识，不以谨小慎微的心态对待和使用权力，这实际上是一种对待权力的错位心理。还有些党员干部在位时本来兢兢业业、克己奉公，但在与他人的对比中可能会产生失衡心理，认为自己身居高位，得到的物质财富却比身处机关之外的人少，由此滋生出一种被"剥夺"的感受，这在社会心理学上被称为"相对剥夺感"。出现相对剥夺感的官员没有把为人民谋福利、为社会做贡献看作人民公仆的荣誉和职责，反而因此产生埋怨、不满的心理，长此以往，也会容易异化蜕变为腐败分子。

另外，在反腐高压态势下，一些党员明知贪腐的严重后果却仍然顶风作案，很大程度上归因于其潜意识中的投机侥幸心理。投机侥幸心理很大一部分来源于对腐败成本的算计。腐败的成本涉及两方面因素，一是腐败的检举揭发风险，二是腐败的道德损失风险。当腐败分子自认为能将这两方面成本降到最低时，腐败就极有可能发生。某些领导干部的投机侥幸心理占了上风，认为腐败的检举难度大，揭发力度小，就一再纵容自己的腐败行为。还有些党员干部怀有"法不责众""随大流"的心态，认为周围有腐败行为发生，不只是自己一人腐败，错误产生"罪不在己"的责任心理，通过"法不责众"的心理暗示来为自己的腐败行为开脱。这部分人出现这种错误心理的根源在于对党纪法规缺乏明确的认知，不清楚自己的行为边界。有些党员干部在一开始还能做到规规矩矩、谨言慎行，但遇到偶然机会收受小恩小惠却未被揭发时，便认为这些小节不属于贪污腐败的范围，或者认为这些"零碎钱"是自己应得的辛苦费，从而放松警惕。时间越长，"零碎钱"越敛越多，这些领导干部的心理接受能力就越来越大，心理防线反之越来越往后溃退，久之便不知不觉深陷于腐败的泥淖之中。

　　总之，"理想信念的动摇是最危险的动摇，理想信念的滑坡是最危险的滑坡"。干部群体廉洁从政要恪守"一念之诚"，即保持当初入党的初心，不以追求个人名利作为从政的内在驱动力。同时要保持"一念之纯"，即在成长为党政干部后，时刻在工作和生活中保持对党和人民事业的认真负责态度与纯正感情。唯其如此，才能从心理上筑起反腐的第一道高墙，从源头上防止腐败的滋生。在一体推进不敢腐、不能腐、不想腐时，我们要着眼现实挑战把握反腐败斗争的长期性、复杂性、艰巨性，深刻领悟习近平总书记提出的"反腐败斗争形势仍然严峻复杂，铲除腐败滋生土壤和条件任务仍然艰巨繁重"的"两个仍然"的重大判断，坚决防止犹豫动摇、松懈手软或半途而废，坚定打好反腐败斗争攻坚战、持久战、总体战的坚强决心和必胜信心。习近平总书记指出："干部廉洁自律的关键在于守住底线。"这里的底线，不是最低标准，而是党员领导干部必须始终坚守的硬性要求。崇德修身，坚定理想信念对于党员干部提高拒腐能力、增强自律能力具有基础性意义。党员领导干部如果没有高尚的品行操守，思想就容易出错、道路就容易走偏、行为就容易失范。各级领导干部要严以律己，不碰法律高压线，不碰党规党纪底线，时刻提醒自己要手握戒尺、慎初慎微，常除非分之想，常思贪欲之害，常怀敬法之心，常祛侥幸心理，真正做到自警自省、防微杜渐，自觉当好尊法、守法的模范。深入推进党风廉政建设和反腐败斗争，必须不断提高党员干部的思想素质和道德修养，筑牢拒腐防变自律基石，以思想之堤坝阻挡贪腐之浊流的侵袭蔓延。

第六讲

不正之风和腐败问题互为表里、同根同源

不正之风和腐败问题互为表里、同根同源，要坚持一严到底纠治"四风"、一刻不停惩治腐败，坚持风腐同查同治，严惩风腐交织问题。在工作方法上，既要"由风查腐"，深挖不正之风背后的腐败问题，又要"由腐纠风"，细查腐败背后的享乐奢靡等作风问题，将纠治不正之风和惩治腐败问题更加紧密地贯通起来。

一、"由风查腐"，深挖不正之风背后的腐败问题

风腐同查同治，既是破解作风顽疾的重要手段，也是铲除腐败滋生土壤和条件的必要措施。这里的"风"主要指的是不正之风，这里的"腐"主要指的是腐败，风腐同查同治则是指同时查找、同步治理不正之风和腐败问题。不正之风与腐败互为表里、同根同源，正风肃纪反腐不可分割，必须将匡正风气、严肃党纪、严惩腐败有机结合起来。

（一）不正之风是滋生腐败的温床

作为腐败行为的重要诱因，不正之风的要害在于对领导干部特别是权力掌控者、行使者的思想观念产生"温水煮青蛙"的影响，在潜移默化中冲击其思想防线、道德防线和纪法防线，逐渐侵蚀其原本的价值观念，动摇其理想信念，试探其行为底线。如果对歪风邪气没有

高度的警惕、不能加以拒绝和排斥，形形色色的诱惑极易乘虚而入，最终就会走上贪腐堕落的不归路。基于对由风到腐规律演变的深刻认识，2024 年 1 月，中国共产党第二十届中央纪律检查委员会第三次全体会议审议通过的《中国共产党第二十届中央纪律检查委员会第三次全体会议公报》提出，健全风腐同查同治工作机制，既"由风查腐"又"由腐纠风"。2024 年 7 月，党的二十届三中全会通过的《中共中央关于进一步全面深化改革、推进中国式现代化的决定》，要求"健全不正之风和腐败问题同查同治机制"。2025 年 1 月，习近平总书记强调要深入推进风腐同查同治，中国共产党第二十届中央纪律检查委员会第四次全体会议公报提出，健全不正之风和腐败问题同查同治机制，着力推动正风反腐一体深化。习近平总书记之所以反复强调要深入推进风腐同查同治，是因为不正之风和腐败问题虽然在表现形式和危害程度上有所区别，但是同根同源、一体相生。

不正之风是滋生腐败的温床。习近平总书记指出，作风问题无小事，可以说所有腐败问题，起初往往都是从作风失范开始的，从不讲规矩开始的，从违反纪律开始的，并鲜明强调有些不正之风也属于腐败范畴，其危害不可小视。吃喝风、说情风、奢靡风等不正之风暗藏了某些腐败问题，是腐败的重要诱因和早期表现。近年来，一些党员领导干部和公职人员沉溺于"保姆式"服务，频繁出入高档酒店、私人会场，丧失理想信念、背弃初心使命，成为由风及腐、风腐一体的典型。在风腐一体案件中，涉案人员往往先通过违规吃喝拉近关系，再以收送礼品礼金、提供和接受娱乐活动等方式"加深感情"，最后发展到权钱交易、大搞腐败，在作风问题上也肆无忌惮，甚至带坏一方风气。某些别有用心者利用个别党员干部贪图享乐和奢靡之风进行

"围猎"，造成个别领导干部在"温水煮青蛙"中落入腐败深渊。例如，中央纪委国家监委在北京市政府原党组成员、副市长高朋严重违纪违法被开除党籍和公职的通报中指出，其"安排管理和服务对象为其家庭提供'保姆式'服务"，就是由风及腐的一个典型案例。免费提供住房车辆、与家属搞好关系、迎合兴趣爱好……从套近乎、培养信任感的"情感式围猎"，到送钱送礼、简单直接的"金钱式围猎"，一些不法分子为了拉拢接近手握重权的领导干部，可谓煞费苦心，无所不用其极。围猎者之所以提供"保姆式"服务，是因为这种以感情为跳板的"围猎"方式迷惑性、隐蔽性更强，被围猎者往往在称兄道弟、推杯换盏中丧失了定力、动摇了防线、突破了底线，沦为金钱的奴隶、贪腐的附庸。

　　当前，风腐一体问题呈现多样性、复杂性、隐蔽性特点，主要表现有：行权方式间接化，通过参加饭局、引荐相识、从中斡旋等间接的方式，弱化领导干部职权与谋利事项的关联；权钱交易"人情化"，一些行贿人将贿赂行为冠以"人情往来"之名，搞"明礼暗贿""形礼实贿""礼贿不分"，甚至形成稳定"小圈子"。坚持风腐同查同治一体推进，要坚持"凡查作风问题必挖腐败案件、凡查腐败案件必看作风问题"原则，从根源上铲除腐败滋生的土壤和条件。例如，山东省纪委监委在山东国惠投资控股集团有限公司原党委书记、董事长尹鹏生活奢靡、违规出入私人会所接受宴请等问题的通报中指出，尹鹏在吃住行用等方面追求奢靡享乐，长期接受私营企业主提供的高档食材、名贵酒水、豪华家装以及高级商务专车等"保姆式"服务，多次出入私人会所接受宴请。在本案的初核阶段，办案人员发现，一名私营企业主与尹鹏关系极为密切，并且双方间存在明显不符合正常市场价格的交易行为。经综合分析，办案人员对尹鹏进行精准画像，推断尹鹏既有"四风"问题，又有权钱交易问题。在查实两人之间权钱交易和利益输送问题的基础上，办案人员进一步分析出尹鹏权力寻租的领域、方向，为查证其他涉案人员问题提供了支撑。调查发现，在私营企业主的"围猎"之下，尹鹏利用职务便利为他人在企业经营、工程承揽等方面谋利，并非法收受巨额财物。2024 年 4 月，尹鹏被开除党籍和公职，涉嫌犯罪问题被移送检察机关依法审查起诉。尹鹏案件是山东省开展"靠企吃企"问题专项整治以来查处的省管企业正职领导干部第一案，其无视中央八项规定精神，违规收受礼品、礼金、消费卡，违规出入私人会所，贪图享乐，生活奢靡。这些表面上看起来是吃吃喝喝的作风问题，但实质上却是其丧失理想信念、背弃初心使命，弃守廉洁底线、非法收受巨额财物的腐化堕落行为的前期征兆和外在表现。通过这个案件可以清楚地看出，由风及腐、风腐一体是共性问题。

近年来，经过持续整治，发生在群众眼皮底下的公款享乐奢靡问题明显减少，特别是随着反腐败高压态势的形成，腐败手段也隐形变异、翻新升级，出现了一些新型腐败和隐性腐败，一些不正之风也顽固复杂，由明转暗、改头换面，出现了一些新情况、新表现，由风及腐、风腐一体问题呈现出一些新动向、新特点。比如，由风及腐的行为及场所更加隐蔽，违规吃喝从过去的公开场所转向更加隐蔽的私人会所、高档小区、企业内部食堂，收送礼品的种类从传统的烟酒、购物卡等，扩展到高档艺术品、珠宝等。另外，利用职权谋取私利的手段更加多样，或是通过"合法"形式掩盖非法目的，如以投资入股、合作开发等方式进行利益输送，或是建立攻守同盟、销毁证据等，从而妄图逃避法律制裁。针对上述新情况新变化，党中央及时调整反腐策略，深化"由风查腐"，深挖不正之风背后的请托办事、利益输送等腐败问题，斩断由风及腐链条。因此，习近平总书记强调深入推进风腐同查同治，不仅是针对风腐一体化本质特征作出的科学决策，更是为刺破新型腐败和隐性腐败的障眼法，铲除腐败滋生土壤和条件指明了实践路径。通过风腐同查同治，达到见微知著、系统施治、标本兼治的治理目的，体现了我们党对腐败问题的"零容忍"态度。

（二）深挖不正之风背后的腐败问题

党的二十大以来，以习近平同志为核心的党中央以钉钉子精神推进作风建设，持续加固中央八项规定堤坝，为新时代伟大变革提供了有力作风保障。2024 年 12 月 26 日至 27 日，中共中央政治局召开民主生活会，其中一项议程是听取关于 2024 年中央政治局贯彻执行中央八项规定情况的报告和关于 2024 年整治形式主义为基层减负工作情况的报告。这是以习近平同志为核心的党中央以身作则、率先垂范，坚持不懈推动落实中央八项规定精神、深化作风建设的生动体现。在看到新时代新风正气的同时，我们也要清醒地认识到，"四风"问题树倒根存，高压之下顶风违纪行为仍有发生。从各级纪检监察机关通报曝光的典型案例看，节假日期间"四风"问题易发多发，且腐败和不正之风相互交织，有的利用过节之机打着人情往来的幌子大肆收受礼品礼金，有的心怀侥幸以隐蔽手段违规接受宴请、旅游安排。这反映出"四风"问题顽固复杂，由风及腐、由风变腐的风险始终存在，必须保持定力、寸步不让，把握节日特点，把握风腐一体的特点，持之以恒纠治"四风",坚决防反弹回潮、防隐形变异、防疲劳厌战,确保节日风清气正。要从"两个维护"政治高度,坚持严的基调、严的措施、严的氛围,深化风腐同查同治,锲而不舍落实中央八项规定精神,不断加固中央八项规定堤坝,精准发现、及时纠治"四风"问题,寸步不让、久久为功,以风气的持续净化不断压缩腐败滋生的空间。在深入推进风腐同查同治的过程中,要突出重点,紧盯享乐奢靡问题,严肃纠治违规吃喝、违规收送礼品礼金等作风顽疾,着力发现和查处利用吃喝送礼搞利益交换、请托办事等问题,坚决清除隐藏在"人情往来"背后的腐败,深挖脱离实际定政策、违反程序作决策、审查审批走过场、监督检查走形式等形式主义、官僚主义行为背后的滥用职权、利益输送、权钱交易等腐败问题,着力纠治披着"不作为、慢作为、乱作为"等外衣的腐败问题。

作风建设是攻坚战,也是持久战,既要抓"节点"、抓"考点",也要抓"常"抓"长"。在岁末年初等这些特殊时间节点,各级各地纪检监察机关一般都会密集通报一批违反中央八项规定精神典型案例以儆效尤,其中绝大多数通报案例都会涉及违规收受礼品、礼金、消费卡等情节。梳理近年来中央纪委国家监委通报的案例可以发现,在收送的礼品礼金类型上,高档烟酒茶、代金卡券仍是高频词,违纪案例往往表现为既收钱又收物,一次性收受多种礼品礼金。例如,天津市人大财政经济委员会原主任委员王洪海借春节、中秋节或其女儿结婚等时机,多次收受下属和私营企业主送予的礼金共计28万元,名牌手表、服装等礼品共计折合45万余元。在违纪行为发生时间上,提及元旦、春节、端午、中秋、国庆等年节假日的超过半数,节日节点仍是收送礼品礼金的高发期。这既表明部分违纪人员在高压之下仍心存侥幸、顶风违纪，也提醒各级纪检监察机关需持续紧盯重要时间节点，有的放矢纠治违规收送礼问题。在违纪人员层级上，通报的案例多为"一把手"或"关键少数"，涉及中央和国家机关、地方党政机关、国企、高校、医院等各个行业领域。自 2021 年 9 月中央纪委国家监委首次集中通报严重违纪违法涉嫌犯罪的中管干部"四风"问题以来，通报问题持续偏向"关键少数"，释放出抓作风必须从领导干部严起，强化警示震慑的强烈信号。

在纪检监察实践中可以发现，在持续正风肃纪的高压态势下，一些贪腐分子为了逃避监督，收送手段由明转暗的同时，礼品礼金的名义也是五花八门。有的打着"走亲访友"幌子送，有的找"推广土特产"借口送，还有的套上"评估费""专家费"外壳送，形式日趋隐蔽。外在表现千变万化，实则仍是"新瓶旧酒"，礼品礼金背后是对利益交换的期待，实质都是通过感情投资来谋求好处。个别党员领导干部思想存在偏差，权情不分，有的认为逢年过节"走动走动"是传统礼仪，不收不送反会影响人际关系；有的曲解正常人情往来，自愿落入感情投资的陷阱；有的沉溺于"礼尚往来"带来的虚假安全感，打着收送礼的幌子进行利益交换。因此，深入推进风腐同查同治，需要"由风查腐"斩断利益链条。要把惩治违规吃喝、又吃又拿问题作为重要着力点，开展专项整治，持续巩固、深挖细查，严厉查处顶风作案人员，坚决遏制违规吃喝风气的暗流涌动，着力由"风"的线头扯出"腐"的线团。要聚焦带有腐化蜕变特征的享乐奢靡问题全面查，查清违规吃喝等问题背后是否存在请托办事、权钱交易等腐败问题；聚焦群众反映强烈的形式主义、官僚主义问题集中查，紧盯贯彻落实党中央重大决策不力、政绩观偏差等影响高质量发展问题，紧盯吃拿卡要、趋利性执法等破坏市场秩序问题，紧盯督检考过多过频、层层加码等加重基层负担问题，严肃查纠背后的腐败和失职渎职问题；聚焦风腐问题更趋集中的关键环节重点查，紧盯权力集中、资金密集、资源富集等重点领域，紧盯隐形变异等重点问题，紧盯"一把手"等重点对象，紧盯年节假日等重要节点，创新监督方式，强化数据赋能，提高执纪执法的穿透性。

2024年12月7日，中央纪委国家监委网站发布"深入整治违规吃喝顽疾"的通报，指出青海省湟源县纪委监委从违规吃喝、违规接受娱乐活动安排等入手开展监督检查，严防"四风"问题反弹。青海省海东市民和县人大常委会原主任朵海生、原副主任王有连因违规吃喝受到留党察看两年、政务撤职处分；西宁市城中区人民法院立案庭原副庭长冷季平违规接受宴请、收受礼品礼金及其他违纪违法问题，受到开除党籍、撤职处分。通报强调，近期青海省纪委监委接连通报曝光了多起违规吃喝问题，警示全省各级党组织和广大党员干部清醒认识正风肃纪反腐高压态势，释放对不收敛、不收手的少数党员干部露头就打、快查快处、严查重处的强烈信号。此前，青海省开展6名领导干部严重违反中央八项规定精神以案促改专项教育整治，针对违规吃喝顽瘴痼疾研究制定6方面18条整治措施，包括廓清思想误区、开展党性剖析、严查典型问题等举措。经过强有力的整治，面上违规吃喝得到遏制，但是隐形变异问题仍然易发多发，"吃食堂""吃老板""吃下级"等老问题禁而未绝，"借道吃""跨省吃""培训吃"等新问题时有发生，说明有的党员干部对违规吃喝等问题的复杂性、顽固性认识不到位，工作中责任和压力传导还存在短板弱项。针对吃喝地点趋于隐蔽、发现难度增大等一些违规吃喝问题花样翻新的情况，青海省纪委监委与相关行业监管部门深化协同工作机制，汇聚监督合力。在省纪委监委协调推动下，市场监管部门加强对隐蔽场所"私房菜"的排查监管，财政、机关事务管理等行业部门进一步规范公务接待报销审批规程和凭证要件，把发现的问题线索及时移送纪检监察机关处置。2024 年以来，青海省共查处违规吃喝问题 151 起，批评教育和处理 50 人，给予党纪政务处分 55 人。查处违规吃喝问题的同时，青海省纪检监察机关循线深挖背后利益交换等腐败问题，由风查腐，防止"以风盖腐"，推动健全风腐同查同治工作机制。2024 年 1 月，海南州政府原党组成员、副州长安木拉因违规吃喝被停职检查，在对其立案审查期间，通过起底信访件、大数据分析、外围摸排等方式深挖吃喝背后的腐败问题。安木拉因涉嫌严重违纪违法接受青海省纪委监委纪律审查和监察调查，11 月被开除党籍和公职，成为该省开展风腐同查的一起典型案例。违规吃喝的背后往往伴生着违规收送礼品礼金，两者相互衍生、互为交叉。青海进一步深化整治违规吃喝问题，从 2024 年 10 月开始部署开展违规收送礼品礼金问题专项整治。仅一个月，全省共主动上交、清退礼金 168 笔 264.06 万元，已有 15 人主动向组织说清问题，4.97 万余名党员干部自查自纠并作出绝不收送礼品礼金承诺。

为了根治不正之风，党中央建立健全每月公布查处结果、重要节点通报曝光制度。截至 2025 年 1 月，中央纪委国家监委连续 136 个月公布全国查处违反中央八项规定精神问题月报数据；完善作风建设长效机制，着力解决普遍存在、反复发生的问题，出台工作指导意见，推动地方和部门完善津贴补贴发放、开会发文、公务用车、公务接待、国企商务接待、制止餐饮浪费等制度规定；引导党员干部弘扬忠诚老实、公道正派、实事求是、清正廉洁等价值观，着力消除风腐问题的思想根源……从激浊扬清、扶正祛邪，到立破并举、推动移风易俗，以优良党风政风引领社风民风持续向好，干部群众切实感受到新气象。2024 年 12 月 25 日，中央纪委国家监委公布了 2024 年 11 月全国查处违反中央八项规定精神问题汇总情况。当月，全国共查处违反中央八项规定精神问题 28327 起，批评教育和处理 38961 人，其中党纪政务处分 27996 人，这是连续第 135 个月公布月报数据。从查处问题类型看，在履职尽责、服务经济社会发展和生态环境保护方面不担当、不作为、乱作为、假作为，严重影响高质量发展方面，11 月共查处问题 12240 起，占当月查处的形式主义、官僚主义问题总数的 89.1%。11 月查处的违规收送名贵特产和礼品礼金、违规吃喝、违规发放津补贴或福利 3 类问题，分别占当月查处的享乐主义、奢靡之风问题的 51.1%、22.8%、14.7%。从查处级别看，11 月，全国共查处省部级领导干部问题 2 起，查处地厅级领导干部问题 92 起，查处县处级领导干部问题 1443 起，查处乡科级及以下干部问题 26790 起。其中，乡科级及以下干部问题占查处问题总数的 94.6%。

实践出真知。由以上通报可以看出，在查处不正之风时要特别注意元旦、中秋、春节等重要节日节点，紧盯节点打出教育提醒、通报曝光、明察暗访、严查快处等"组合拳"，密切关注借过节之机搞奢靡享乐问题的新情况、新动向，紧盯披着人情往来"外衣"的作风顽疾，对违规吃喝、打着礼尚往来旗号违规收送礼品礼金、违规操办婚丧喜庆、公款旅游等问题，强化监督执纪，发现一起、查处一起，严惩不贷、以儆效尤。要把握节日特点，紧盯拜年红包、"天价"月饼、蟹卡蟹券等背后的"四风"问题，密切与职能部门的协作配合，强监督强监管同向发力，不断释放从严纠治的强烈信号，推动节日风气持续向好。要结合实际找准节日期间易发多发的"四风"问题，紧盯"关键少数"、重点场所，加大监督检查、明察暗访力度，严查违规违纪问题，确保节日风清气正。坚持和完善节前教育提醒、通报曝光，节中监督检查、明察暗访，节后严查快处、督促整改的工作机制，一个节点一个节点坚守，保持驰而不息的工作节奏，积小胜为大胜，切实把节点变成作风建设的"加油站"。

二、"由腐纠风",细查腐败背后的享乐奢靡等作风问题

(一)深刻把握风腐同源、风腐一体特征

不正之风与腐败之间有着紧密联系,如果任由腐败现象顽固多发、屡禁不止,会更加助长和加剧不正之风的扩散泛滥。从那些违纪违法案例通报中可以看出,大多违纪违法党员干部长期存在违规收受礼品礼金、违规吃喝等问题,有的从酒局牌局开始,在沉迷享乐中背离初心使命,在违纪违法道路上越走越远;有的价值观扭曲,私欲膨胀、追求奢靡享乐生活方式,在腐败的泥淖里越陷越深。同时,违规收受礼品礼金不仅涉及腐败问题,还会对周边其他领导干部造成负面影响,动摇理想信念、滋长贪欲,加剧腐败问题在微环境中滋生蔓延。《韩非子·喻老》中记载了一个风腐交织的故事:"昔者纣为象箸,而箕子怖。"贵为一国之君的纣王做了一双象牙筷子,就让身为三贤之一的太师箕子感到恐怖,原因在于,箕子害怕的不是象牙筷子本身,

而是由象牙筷子引发的一系列后果。象牙筷子肯定不能配土瓷瓦器，要配犀碗玉杯；犀碗玉杯肯定不能盛粗茶淡饭，要配山珍海味。吃山珍海味就不能粗布葛衣、茅草陋屋，而要锦衣华车、琼楼玉宇……箕子"畏其卒，怖其始"，从一双象牙筷子身上看到了纣王的欲望难平，为殷商王朝的前途命运感到担忧。果然，"居五年，纣为肉圃，设炮烙，登糟丘，临酒池，纣遂以亡"。

　　一双小小的象牙筷子何以能够毁掉一个泱泱大国？显然，毁掉殷商王朝的是筷子背后的奢靡享乐。纣王制作使用象牙筷子，就意味着他抛弃勤俭节约，选择奢靡享乐。历史和现实莫不证明，勤俭节约不仅是一种生活方式，同时还是基本道德底线。奢华的潘多拉盒子一旦打开，欲望的多米诺效应就会立刻显现：一个欲望推动着另一个欲望，一种贪婪紧随着另一种贪婪，各种贪欲接踵而至，永无尽头。"俭节则昌，淫佚则亡"，当无限膨胀的贪婪欲望遇到了不受节制的恣意权力，结局就是意料中事。"静以修身，俭以养德。"对个人来说，德为立身之本，俭为养德之道。勤俭节约可以降低人的物质欲望，减少外物的刺激需求，通过清心寡欲来修身养性，提升内在的道德修养。而奢靡享乐则是欲望膨胀的开始，是走向腐化堕落的第一步。一旦迈开这一步，就会利欲熏心，最后欲壑难填而自取灭亡。历史上，富甲天下的邓通饿死街头，富可敌国的石崇收监问斩，贪恋专权的刘瑾招致凌迟，国之巨贪的和珅狱中自缢……这些生前锦衣玉食、不可一世之人，最后结局无一不是财尽人亡、身死名灭。

　　对国家来说，勤俭节约是立国之本，也是治国之道。俭可以养廉，廉可以治国。即使是处在繁荣盛世的贞观之治时期，魏征仍不断谏劝唐太宗要"居安思危，戒奢以俭"。历史表明，勤俭和廉洁如同一对孪生兄弟，克勤克俭往往能实现国家的长治久安。今天，对于各级干部来说，勤俭廉洁是为官从政的最低要求和道德底线。勤俭节约所要求的清心寡欲、淡泊节制，可以消解和克制人内心的贪婪和欲望，有效防止国家公权力的腐败滥用和官吏的贪污腐化，实现廉洁自律的内在要求。在这个意义上，勤俭节约不仅是敦风化俗的重要手段，也是反腐倡廉的重要途径。勤俭不兴，贪欲不止；节约不行，欲壑难平。考究不少落马的豪贪巨蠹，其贪污腐化的直接起因，往往是一包名烟、一瓶美酒、一顿大餐、一块好表，之后就慢慢放弃了勤俭节约底线，渐渐养成了奢靡享乐恶习，最后走上了违法犯罪的不归路。最近爆出的一些触目惊心的"老虎案"，无一不是背弃了勤俭节约原则，走上了奢靡享乐歧途，在贪腐堕落的泥坑中越陷越深，最终沦为国家的罪人。各级干部应当懂得，唯有把勤俭作为一种境界去修养、作为一种品格去恪守，才能自由行走在清正的大道上。

（二）由风查腐斩断风腐链条

不正之风会助长腐败行为的滋生，腐败行为会加剧不正之风的蔓延，风腐问题相互交织严重影响政治生态。在反腐败斗争中，要把握风腐同源、风腐一体特征，紧盯腐败问题隐形变异、花样翻新趋势，准确把握风腐一体问题特点，深化"由腐纠风"，细查腐败背后的享乐奢靡等作风问题。坚持风腐同查，在审查调查中将"四风"问题作为必谈必问内容，督促调查对象讲清自身"四风"问题行为表现、动机以及由风及腐过程，着重从违规吃喝、收礼、接受娱乐安排等方面查清行贿受贿双方交往情况，梳理其蜕变路径，既查清楚留置对象本人的"四风"问题,又循线深挖其交代的涉及其他党员干部的"四风"问题。坚持以案看风,注重从腐败案件中深入分析作风"活情况"、新动向,精准查找本地区本领域哪些不正之风与腐败关系最为紧密,哪些作风问题容易演变为腐败,有针对性地进行整治。

当前,经过多年来持续不断的努力,纠治"四风"工作取得显著成效,面上的歪风邪气已经得到有力遏制,广大党员干部的作风持续向好。但从整饬作风和惩治腐败的实践看,隐形变异的享乐主义、奢靡之风容易潜藏请托办事、政商不清等问题,禁而未绝的官僚主义容易潜藏权权交易、团团伙伙等问题,有的借由饭局与不法分子勾肩搭背、行权钱交易之实;花样翻新的形式主义容易潜藏贪功图名、利益输送问题,有的"形象工程""政绩工程"夹带着政商勾连、私相授受的"污泥浊水",有的大搞"一言堂",封官许愿、任人唯亲,不仅造成跑官要官、买官卖官等用人上的腐败,而且会逐步恶化本地区本部门的政治生态。同时,一些党员干部腐败后,在作风上往往更加肆无忌惮,进一步败坏党风政风和社会风气。

由风查腐是斩断风腐链条的重要手段,要加大查处力度,凡查腐败案件必挖"四风"线索,对腐败问题带出的作风问题线索建立专门台账、严查快结、对账销号、强化震慑,既查清涉案对象本人的作风问题,又着力发现涉及其他公职人员的问题线索,让由腐纠风成为破解"四风"隐形变异、提高问题发现能力的有效途径。要突出循线深挖,在查清当事人"四风"问题的基础上,结合其一贯表现、信访反映、日常掌握等情况,综合研判"四风"背后是否存在"小圈子"、请托办事、利益勾兑等现象,深入挖掘问题线索,着力由"风"的线头扯出"腐"的线团,坚决清除披着人情往来外衣的腐败问题。要健全工作机制，围绕风腐问题线索的发现、移送、处置、管理等环节，明确纪检监察机关和相关单位的职责任务和协作机制，细化实化程序流程，强化责任落实，做好跟踪问效，不断提高风腐同查的规范化、长效化水平。

三、将纠治不正之风和惩治腐败问题更加紧密地贯通起来

　　不正之风和腐败问题互为表里、同根同源，相互交织、相互影响。习近平总书记曾经形象地将腐败比作长在党的健康肌体上的毒瘤，强调不及时发现和清除，就会导致病毒蔓延全身，危及党的肌体的健康。反腐败就是同各种弱化党的先进性、损害党的纯洁性的病原体作斗争，通过猛药去疴、刮骨疗毒等手段清除一切侵蚀党的健康肌体的毒瘤，杜绝病毒的蔓延传播，捍卫党的肌体健康。党的十八大以来，党风廉政建设和反腐败斗争的实践经验证明，反腐败之所以能够取得压倒性的胜利并全面巩固，一个重要原因在于党在反腐败斗争过程中深刻把握阻断腐败行为助长加剧不正之风的规律，坚持"由风查腐""由腐纠风"，以全覆盖、零容忍、无死角原则严惩腐败，一体推进不敢腐、不能腐、不想腐，精准运用"四种形态"，抓早抓小、防微杜渐、层层设防，清除影响党的先进性、纯洁性的消极因素，推动形成风清气正的党内政治生态，从根源上铲除腐败滋生的土壤和条件。

不正之风滋生掩藏腐败，腐败行为助长加剧不正之风甚至催生新的作风问题。从关系上看，腐败问题大多由作风问题演变而来，不少领导干部往往从吃喝玩乐、收受礼品礼金等不正之风开始，不断退守底线，逐步滑向腐败深渊，一些"形象工程""政绩工程"等形式主义、官僚主义背后，往往存在暗流涌动的权钱交易。同时，腐败行为又助长加剧不正之风甚至催生新的作风问题，特别是"一把手"腐败严重污染政治生态，主政地方或领域的党员干部上行下效，送礼跑官、相互宴请，权权交易、相互帮衬等成风作势，危害极其严重。实践表明，只惩治腐败，不纠治歪风，腐败就得不到有效清除，而作风堤坝不牢固，腐败治理成果也难以巩固。

当前，紧盯风腐交织突出问题一体推进正风肃纪，必须准确把握风腐同源、由风变腐、风腐一体的特征，坚持风腐同查、纪法同施，以严明纪律一体推进纠治"四风"和惩治腐败，推动作风建设向纵深发展。从领域上看，当前的风腐一体问题多发于权力集中、资金密集、资源富集等重点领域、重点行业，因为关系到国计民生和人民群众根本利益，国家政策支持力度大、资金投入多、投资链条长，权力集中度高、利益诱惑大、风险隐患多，容易滋生腐败；从对象上看，被查处的对象多是一把手和关键岗位核心人员，这些人往往主政一方、掌管一域、手握大权，往往被不法分子视为拉拢、腐蚀、围猎的重点对象，易受不良风气影响；从起因上看，被查出案件的起因多始于享乐主义、奢靡之风，特别是个别党员干部沉溺于觥筹交错、热衷于组局建圈，被庸俗的酒桌文化侵蚀内心，"违规吃喝""违规收受名贵特产和礼金礼品"问题比较突出。

问题是实践的起点、创新的起点，也是发展的起点。深入推进风腐同查同治要坚持问题导向、结果导向、实践导向，聚焦存在问题有的放矢、精准施策。一要注重健全由风查腐、由腐纠风的工作机制，从腐败案件中深入剖析不正之风隐形变异情况，从不正之风中深挖腐败问题机理，找准风腐一体案件所暴露出来的体制机制性问题，提升防治风腐问题的科学性、针对性，增强综合纠治效能。二要聚焦"一把手"和关键岗位，切实把加强对"一把手"和关键岗位监督作为重点工作来抓，综合运用参加党组会、列席领导班子民主生活会、约谈提醒、专项检查等方式，着力在强化日常监督上下功夫，抓早抓小，防患于未然。三要注重建章立制、系统施治，扎实做好查办案件"后半篇文章"，强化以案促改、以案促治，督促涉案单位认真查找履行管党治党责任等方面的薄弱环节和问题，推动修订完善内控制度，彻查"四风"背后拉拢腐蚀、请托办事、利益交换等腐败问题。

伟大的斗争、宏伟的事业，需要高素质干部。党的二十大报告指出："建设堪当民族复兴重任的高素质干部队伍。全面建设社会主义现代化国家，必须有一支政治过硬、适应新时代要求、具备领导现代化建设能力的干部队伍。"① 当前，世界百年未有之大变局加速演进，我国改革发展稳定任务之重、矛盾风险挑战之多、治国理政考验之大都前所未有，迫切需要把各级领导班子和干部队伍管严管实、建好建强，把广大干部的积极性、主动性、创造性激发好、保护好。在艰巨繁重的改革发展稳定任务面前，干部饱满的精神状态、过硬的工作作风，是攻坚克难的重要保障。在党的二十届三中全会第二次全体会议上，习近平总书记强调，进一步全面深化改革涉及范围广、触及利益

---

① 《习近平著作选读》（第一卷），人民出版社 2023 年版，第 54 页。

深、攻坚难度大，对各级党组织正确判断形势、科学谋划改革、广泛凝聚力量、推动改革落实，对广大党员、干部精神状态、思想观念、素质能力、作风形象提出了新的更高要求。在二十届中央纪委四次全会上，习近平总书记进一步强调，必须保持以党的自我革命引领社会革命的高度自觉，坚持用改革精神和严的标准管党治党，不断提高党的领导水平。从实际情况看，我们党的干部队伍整体上是过硬的，在脱贫攻坚、抗洪救灾、构建新发展格局、推动高质量发展等急难险重任务中冲锋在前、勇于担当，但在对干部队伍进行整体肯定的同时，毋庸讳言，当前也存在一些与新时代新征程新任务不适应的现象和问题，特别是少数干部不担当、不作为、乱作为、滥作为，庸懒散躺、推拖绕躲，严重贻误事业发展，必须以高标准严要求锻造堪当时代重任的执政骨干队伍，激励全党永葆"赶考"的清醒和坚定，依靠顽强斗争打开事业发展新天地。

担当作为是新时代党员干部的职责所系、使命所在，是党员干部的重要品质和能力。与此相反，不担当、不作为的危害十分严重，在其位不谋其政，当一天和尚撞一天钟，对存在的问题"睁一只眼闭一只眼"，小错就会铸成大错，先进也会变成后进。行为上的不主动、不担当、不负责，根子还是官僚主义作怪，是严重的作风问题，必须从根源上予以查处。根据中央纪委国家监委通报的 2024 年全国纪检监察机关监督检查、审查调查情况，全年受理检举控告类信访举报100.7 万件次，处置问题线索 217.5 万件，立案 87.7 万件，处分 88.9万人。与 2023 年相比，多项数据均有不同程度增长。数据背后反映的是态度不变、力度不减、重心不偏，但同时也能看出在强力高压下仍然有人胆大妄为，一些党员干部仍不收敛、不收手，腐败存量尚未彻底清除，从各级各地纪委监委的通报来看，"不收敛、不收手"依然是一个高频词，其中绝大多数人的违纪违法行为都是从党的十八大前延续到党的二十大后，一条道走到黑。同时，腐败增量还在持续发生，表现方式形形色色，贪腐"年轻化"和"低职化"现象也露出苗头。年轻干部的优势是理论功底高、悟性高、专业化程度强，不足是阅历较浅、基层实践经历较少、底线意识还不够坚牢。涉案年轻干部虽然级别不高，但大多身处重要岗位、关键环节，容易出现"小官大腐"；智能犯罪、技术犯罪等特征明显，腐败行为具有较强隐蔽性。广大党员干部对当前反腐败斗争形势要异常清醒、态度要异常坚定，切实把思想和行动统一到以习近平同志为核心的党中央对形势的科学判断上来，半点不松懈、丝毫不手软，一体推进不敢腐、不能腐、不想腐，标本兼治、系统施治。要以案为鉴、汲取教训，做到勤掸"思想尘"、多思"贪欲害"、常破"心中贼"，慎始慎初、防微杜渐，防止在觥筹交错中逐步滑入腐败深渊，自觉筑牢拒腐防变作风"防火墙"。

第七讲

坚持正风肃纪反腐相贯通

风腐交织是现阶段党风廉政建设和反腐败斗争要着力解决的突出问题。党的二十届三中全会通过的《中共中央关于进一步全面深化改革、推进中国式现代化的决定》要求，健全不正之风和腐败问题同查同治机制。2024 年 12 月 9 日召开的中共中央政治局会议在研究部署 2025 年党风廉政建设和反腐败工作时强调，要健全不正之风和腐败问题同查同治机制，着力推动正风反腐一体深化。二十届中央纪委四次全会就"健全不正之风和腐败问题同查同治机制"作出部署，要求以"同查"严惩风腐交织问题，以"同治"铲除风腐共性根源，以"查""治"贯通阻断风腐演变，释放出既"由风查腐"，深挖不正之风背后的请托办事、利益输送等腐败问题，又"由腐纠风"，细查腐败背后的享乐奢靡等作风问题，着力推动正风反腐一体深化的明确信号。

一、以"同查"严惩风腐交织问题

二十届中央纪委四次全会紧紧围绕"以全面从严治党新成效为推进中国式现代化提供坚强保障"的使命任务，强调要健全不正之风和腐败问题同查同治机制，着力推动正风反腐一体深化。深入推进风腐同查同治，就要以"同查"严惩风腐交织问题，锲而不舍落实中央八项规定精神，一严到底纠治"四风"，聚焦顶风违纪、隐形变异、严重影响市场秩序、加重基层负担等问题，强化监督、深化治理；一刻不停惩治腐败，严查政治问题和经济问题交织的腐败案件，着重抓好金融、国企、能源、消防、烟草、医药、高校、体育、开发区、工程建设和招投标等领域系统整治，着力破解新型腐败和隐性腐败发现、取证、定性难题，严肃查处滥用职权、玩忽职守、违规决策造成国有资产重大损失问题，坚决查处那些老是拉干部下水、危害一方的行贿人，加大跨境腐败治理力度。

（一）紧盯违规吃喝这个顽瘴痼疾

吃喝问题看似微小，实则影响危害深远，其背后所折射出的不仅是公权力在推杯换盏中被侵蚀滥用，更可能成为权力寻租的隐秘链条。违规吃喝问题是"四风"顽疾，吃喝问题绝非小事小节，关系党在人民群众心中的形象。从纪检监察工作实践来看，违规吃喝是大部分违规违纪行为的"导火索"，是腐败问题的"催化剂"，必须集中发力、深入纠治。锲而不舍落实中央八项规定精神，一严到底纠治"四风"，首先要持续狠刹享乐奢靡歪风，坚持风腐同查同治。深化落实中央八项规定精神，必须紧盯违规吃喝这个顽瘴痼疾，坚持露头就打、严管严治，坚决防止反弹回潮，以重点问题的突破，带动纠治工作整体推进。二十届中央纪委三次全会部署开展违规吃喝专项整治，各级纪委监委对"吃公函"等问题盯住不放、深化整治，严肃纠治虚列公务接待、商务招待事项违规吃喝，套取会议费、办公费大吃大喝，"精致走账"等行为；对"吃老板""吃下级"等问题加大力度、动真碰硬，严查违规吃喝背后的请托办事、利益输送等问题，深挖腐败背后的违规吃喝行为；对"吃食堂"等问题深入研究、着力破解，紧盯隐蔽性这个特点，精准识别，用好科技手段，创新监督方式，及时发现、从严处理在内部食堂、私人会所、高档小区、"农家乐"、"一桌餐"场所违规吃喝问题。

顶风违规吃喝问题，损害党和政府的形象，败坏社会风气，一旦反弹回潮，将严重影响作风建设成效。针对吃喝地点趋于隐蔽、发现难度增大等花样翻新的情况，要着重加强对隐蔽场所"私房菜"的排查监管，集中整治内部"吃公函""吃食堂"等问题，坚决狠刹吃喝歪风的态度不变、决心不减、尺度不松。对违规吃喝问题，2023年底新修订的《中国共产党纪律处分条例》第一百零一条规定："接受、提供可能影响公正执行公务的宴请或者旅游、健身、娱乐等活动安排，情节较重的，给予警告或者严重警告处分；情节严重的，给予撤销党内职务或者留党察看处分。"第一百一十三条规定："违反有关规定组织、参加用公款支付的宴请、娱乐、健身活动，或者用公款购买赠送或者发放礼品、消费卡（券）等，对直接责任者和领导责任者，情节较轻的，给予警告或者严重警告处分；情节较重的，给予撤销党内职务或者留党察看处分；情节严重的，给予开除党籍处分。"第一百一十六条规定："违反接待管理规定，超标准、超范围接待或者借机大吃大喝，对直接责任者和领导责任者，情节较重的，给予警告或者严重警告处分；情节严重的，给予撤销党内职务处分。"

违规吃喝的背后往往伴生着违规收送礼品礼金和其他违规违纪行为，二者相互衍生、互为交叉。在严查违规吃喝问题的同时，还要同步开展纠治违规公款旅游、违规收送名贵特产和礼品礼金、违规发放津补贴或福利等享乐主义、奢靡之风问题。当前，一些不正之风依然顽固多发、潜滋暗长，风腐交织现象仍然存在。特别是从近期通报的典型案例来看，违纪违法党员领导干部受到党纪政务处分信息中，无一例外都有违反中央八项规定精神的行为。比如中国工商银行内蒙古分行原党委书记、行长吴宁锋收受可能影响公正执行公务的礼品、礼金，借婚丧喜庆之机敛财，接受可能影响公正执行公务的宴请，违规出入私人会所，组织公款吃喝，违规公车私用，长期占用单位客房供个人使用；青海省交通运输厅原党组书记、厅长毛占彪违规收受礼金，接受可能影响公正执行公务的宴请和旅游安排，长期出入他人为其量身定制的"会所"大肆吃喝。福建、云南通报的违反中央八项规定精神问题中也有这样的典型案例：有的违规操办"乔迁宴"，主动邀请管理和服务对象参加宴请，收受管理和服务对象所送礼金，宴请费用由管理和服务对象支付；有的在外出差期间，接受管理和服务对象安排的旅游活动；有的长期借用管理和服务对象车辆归其个人使用。这些案例表明，不正之风与腐败问题在表现形式、危害程度等方面虽有不同，但同根同源、互为表里，"四风"问题是腐败滋生的温床，腐败催生助长"四风"问题。许多党员领导干部违纪违法轨迹就是风腐交织、侵蚀传染的恶性循环，由心惊胆战"首次破例"，到装腔作势"下不为例"，再到肆无忌惮"形成惯例"，最终被查处成为"典型案例"。

（二）严格整治违规收受礼品礼金问题

红包文化是中国传统文化中的重要组成部分，特别是在春节等特殊节日节点，通过红包礼金等方式表达关爱和祝福是传承已久的社会风俗，是广大人民群众庆祝节日的美好祝愿。但党员干部不是普通群众，党员干部收受礼品礼金，在性质上是违反了职务行为廉洁性的违纪违法行为，受到党纪国法的多重约束。《中国共产党纪律处分条例》第九十七条规定，收受可能影响公正执行公务的礼品、礼金、消费卡（券）和有价证券、股权、其他金融产品等财物，情节较轻的，给予警告或者严重警告处分；情节较重的，给予撤销党内职务或者留党察看处分；情节严重的，给予开除党籍处分。收受其他明显超出正常礼尚往来的财物的，依照前款规定处理。《中华人民共和国公职人员政务处分法》第三十四条规定，收受可能影响公正行使公权力的礼品、礼金、有价证券等财物的，予以警告、记过或者记大过；情节较重的，予以降级或者撤职；情节严重的，予以开除。

2025年1月3日，中央纪委国家监委及各地纪检监察机关密集通报一批违反中央八项规定精神典型案例，其中相当比例涉及违规收受礼品、礼金、消费卡等情节。在2024年12月25日中央纪委国家监委公布的全国查处违反中央八项规定精神问题数据中，2024年以来查处的违规收送礼品礼金问题占享乐主义、奢靡之风问题的47.7%，居于首位。梳理近期通报案例可以发现，在收送的礼品礼金类型上，高档烟酒茶、代金卡券仍是高频词，违纪案例往往表现为既收钱又收物，一次性收受多种礼品礼金。2024年，四川省泸州市龙马潭区纪委监委通报了一起由风查腐、由腐纠风的典型案例。据了解，叶某某是龙马潭区鱼塘街道原瓦房村党支部书记。鱼塘街道纪工委收到其相关问题线索后由风查腐，最终查处叶某某收受他人现金、套取财政资金等违纪违法问题。龙马潭区纪委监委坚持由腐纠风，着力查处受贿行贿案件中的作风问题，在办理区公安分局红星派出所辅警张某某严重违纪违法案件时，发现其多次收受犯罪嫌疑人李某某红包礼金，通过深入调查，查实多名干部收受李某某红包礼金等"四风"问题，组织处理13人、党纪政务处分13人。

在违规收受礼品礼金问题上，一定要牢牢把握"可能影响公正执行公务""明显超出正常礼尚往来"两个标准，紧盯关键节点强监督，紧盯关键环节堵漏洞，抓住资金来源、变现渠道等关键环节，加强公共资金监管，严防虚列套取资金送礼，对顶风违纪问题严查快处。持

续深化纠治享乐奢靡歪风，既要有力遏制公款吃喝、收受礼金等反复
发作老问题，又要严防隐形变异新表现，如借培训之名公款旅游问题、
用快递方式收送礼品礼金等改头换面"四风"问题，对潜滋暗长、隐
形变异的风腐新表现紧盯不放，一个一个攻山头，一场一场打硬仗，
推动作风建设持续走深走实。

（三）大力整治形式主义为基层减负

形式主义、官僚主义是党的大敌、人民的大敌，本质上是严重的
政治腐败，与我们党的性质宗旨和优良作风格格不入、背道而驰。形
式主义的一切出发点是"假"，主观上是想讨得上级的"欢心和信任"，
客观上是一种"交易"，用"假"的政绩换取名利。形式主义不但损
害党的事业，破坏党的政治生态，败坏党的干部队伍，而且严重侵蚀
了党的执政基础。形式主义的种种表现说明形式主义不仅是一种腐败
形式，而且实质上是一种较为严重的政治腐败，其危害与经济腐败带
来的危害相比，有过之而无不及，并且往往还是产生其他腐败的根源
之一。

以全面从严治党新成效为推进中国式现代化提供坚强保障，迫切
需要各级纪检监察机关把握大局大势、倾听群众呼声，重拳纠治影响
党中央决策部署落实落地、影响高质量发展成效的形式主义、官僚主
义。徒有其表的形象工程、劳民伤财的面子工程、急功近利的政绩工
程是形式主义的典型表现，各级纪检监察机关抓住政绩观这个关键，
严肃纠治"政绩工程"、数据造假等问题，有的推动排查处置不计成
本跟风大办节庆展会论坛等"新形象工程"，还有的及时叫停、责令

整改盲目"造景"项目，推动党员干部多在实效上用真功夫、少在形式上动歪脑筋，多干打基础、利长远的实事好事，让群众有更多获得感、幸福感、安全感。

纠治形式主义、官僚主义问题，不仅要动真碰硬，还要完善细化惩戒机制。作风问题背后反映的是纪律问题，正风必须肃纪，2023年底新修订的《中国共产党纪律处分条例》对形式主义、官僚主义违纪情形做了进一步丰富完善，在第一百三十二条专门规定："有下列行为之一，造成严重损害或者严重不良影响的，对直接责任者和领导责任者，给予警告或者严重警告处分；情节较重的，给予撤销党内职务或者留党察看处分；情节严重的，给予开除党籍处分：（一）热衷于搞舆论造势、浮在表面；（二）单纯以会议贯彻会议、以文件落实文件，在实际工作中不见诸行动；（三）脱离实际，不作深入调查研究，搞随意决策、机械执行；（四）违反精文减会有关规定搞文山会海；（五）在督查检查考核等工作中搞层层加码、过度留痕，增加基层工作负担；（六）工作中其他形式主义、官僚主义行为。"

因此，整治形式主义为基层减负，让基层干部有更多的时间和精力去抓落实，是一项重要的政治任务和纪律要求。从党的二十届三中全会明确提出"健全为基层减负长效机制"，到中办、国办印发《整治形式主义为基层减负若干规定》，首次以党内法规形式制定出台为基层减负的制度规范，再到中央层面整治形式主义为基层减负专项工作机制办公室、中央纪委办公厅分 3 批通报 9 起整治形式主义为基层减负典型问题，我们可以看出，党中央持续为基层减负的态度鲜明、决心坚定。各级纪检监察机关要立足职能职责，加强对整治形式主义为基层减负相关规定执行情况的监督检查，纠治一批文山会海、督查检查考核过多过频、"指尖上的形式主义"等问题，切实推动减负效能不断转化为促进改革的强大动力。

2025 年 2 月 5 日，党中央专门召开中央层面整治形式主义为基层减负专项工作机制会议。中共中央政治局常委、中央书记处书记蔡奇出席会议并讲话。他强调，要深入学习贯彻习近平总书记关于加强党的作风建设的重要论述，锲而不舍落实中央八项规定精神，持续深化整治形式主义为基层减负，推动各级党组织和广大党员、干部以优良作风高质量完成"十四五"规划目标任务。会议强调，要紧扣深入贯彻中央八项规定精神、严格执行《整治形式主义为基层减负若干规定》，聚焦重点任务，深化标本兼治、综合施策，进一步巩固和拓展整治工作成效。要紧盯突出问题一抓到底，把基层的"痛点"作为整治的"靶点"，继续精简文件会议，统筹规范督查检查考核，整治"指尖上的形式主义"，规范创建示范和节庆展会论坛活动。加大力度整治"政绩工程""形象工程""面子工程"，持续整治人民群众反映强烈的不正之风。要聚焦违反中央八项规定精神、《整治形式主义为基层减负若干规定》的典型问题，加大核查通报力度。压实整改责任，强化跟踪指导，推进系统整改、源头治理，坚决杜绝整改中的形式主义。要进一步完善制度体系，健全有利于树立和践行正确政绩观的考核评价体系，完善借调基层干部严管严控长效机制，全面建立乡镇（街道）履行职责事项清单。要持续深化思想政治教育，多措并举推动党员干部特别是领导干部把各项作风要求内化为日常的言行准则。①

---

① 《中央层面整治形式主义为基层减负专项工作机制会议在京召开》，《人民日报》2025 年 02 月 06 日。

2025 年 2 月 9 日，根据中央纪委国家监委网站消息，中央层面整治形式主义为基层减负专项工作机制办公室会同中央纪委办公厅对 3 起整治形式主义为基层减负典型问题进行通报。具体如下。

1. 中国就业培训技术指导中心调研组赴基层调研搞层层多人陪同。2024 年 10 月 16 日至 18 日，中国就业培训技术指导中心一行 3 人赴某省两个县区开展劳务品牌建设工作调研。其间，对基层陪同人数缺乏严格把关，省、市、县、乡层层多人陪同，有时一个调研点陪同近 10 人，增加了基层负担。调研组先后考察调研国家历史文化名城、明清古街、千年古城墙等，一些调研点与调研主题明显不符。

2. 中国学生营养与健康促进会违规开展达标创建活动，评分标准烦琐需基层提供大量证明材料。2024 年 9 月，中国学生营养与健康促进会违规向各省区市有关单位下发通知，部署开展 2025 年"营养与健康学校（幼儿园）"建设申报评审工作，要求各省区市有关机构组织当地学校、幼儿园申报评审，且提出每年对达标学校工作开展情况进行考核。评分标准烦琐，其中营养与健康学校评分表包含 8 个大类共 39 项内容、117 项评分标准，指标层级达到 3 级。中国学生营养与健康促进会以上做法明显违反《整治形式主义为基层减负若干规定》关于规范创建示范和达标活动、统筹规范督查检查考核等有关要求。

3. 广东惠州市教育部门对社会事务进校园缺乏统筹规范，违规开展达标、签订责任状等活动，增加教师非教育教学负担。惠州市教育局违反《整治形式主义为基层减负若干规定》，未叫停有关达标活动，2024 年 10 月仍然开展中小学消防安全标准化管理达标验收工作，要求学校对照 100 余项验收标准自评自查，准备每月防火检查、每日防火巡查、消防安全教育等各类台账资料。惠州市博罗县教育局2024年5月开展预防学生溺水安全专项工作，把应由专业部门承担的职责任务摊派给学校，安排学校全面排查校园周边水库、江河湖泊等重点水域，要求学生、家长频繁签订承诺书、责任书，把防溺水工作台账作为校长责任制考核和责任追究倒查的重要依据，非教育教学事务、过度留痕要求加重了中小学教师负担。

通报指出，以上问题反映出有的地方和单位贯彻落实中央八项规定及其实施细则精神不严不实，在调研中搞迎来送往、层层陪同、不求实效，增加基层负担；有的执行《整治形式主义为基层减负若干规定》不严格，违规面向基层开展创建达标活动，评价指标繁复，要求基层提供大量证明材料，搞文牍主义和烦琐哲学；有的对社会事务进校园统筹不力，导致学校承担过多不必要的非教育教学任务。通报强调，中央八项规定精神和《整治形式主义为基层减负若干规定》是必须严格遵守的铁规矩、硬杠杠。各地区各部门要深入学习习近平总书记关于加强党的作风建设重要论述，严格落实中央八项规定及其实施细则精神和《整治形式主义为基层减负若干规定》，严肃查处顶风违纪、隐形变异的"四风"问题，坚决反对热衷于对上表现、不对下负责、不考虑实效的形式主义、官僚主义，让广大基层干部从一些无谓的事务中解脱出来，有更多时间精力抓好落实、服务群众。有关部门要加强对系统领域、行业协会整治形式主义为基层减负工作的监督指导，从源头上减轻基层负担。要做好整改整治"后半篇文章"，加强全过程跟踪指导，动真碰硬督促整改，坚决杜绝表面整改、纸上整改、虚假整改。

二、以"同治"铲除风腐共性根源

二十届中央纪委四次全会在强调以"同查"严惩风腐交织问题的同时，还强调要以"同治"铲除风腐共性根源，加强对领导干部配偶、子女及其配偶违规经商办企业等情况的及时预警监督，推动构建党委统一领导、纪委组织协调、有关部门协同联动的政治生态分析研判机制，完善对重点行贿人联合惩戒机制，制定新时代廉洁文化建设三年行动计划（2025—2027年），讲好中国反腐败故事。

（一）风腐共性根源是权力的异化

从风腐的内在联系上看，不正之风和腐败问题虽然在表现形式和危害程度上有所差别，但实则同根同源。不正之风的本质是以权谋私、与民争利，腐败的本质是权力滥用，是权力出轨、越轨，许多腐败问题都与权力配置不科学、使用不规范、监督不到位有关。在实践中，权力异化突出体现为权力寻租现象。从理论上看，寻租（Rent-seeking）

最初是经济学界使用的一个概念，后来随着寻租理论的逐渐发展，其内涵和外延不断扩大，现在已经成为经济、政治、社会、法律领域不可回避的重要课题之一。寻租理论最早起源于租金理论，租金在本来意义上指的是地租，后来引申为一切稀缺的生产要素所带来的超额收入。在影响生产要素的诸多因素中，政府无疑是最有支配力的因素之一，因为，政府的管制行为可以在很大程度上影响市场的运转，造成生产要素的人为稀缺，从而产生超额收入。因此，现代经济学中的租金概念，泛指一切超额收入，其中就包括公权力对经济领域的干预和管制所造成的超额收入。一般认为，所谓寻租，是指某些个人或团体为了获得自身超额收入而对政府决策或政策施加影响，以争取有利于自身再分配的一种非生产性活动，即合法或非法的权钱交易。从寻租的概念可以看出，政府的行政管制和政策干预可以创造出超额收入，为了获取这种超额收入，自然会有人积极地寻求行政管制和政策干预。而在所有的获取超额收入的手段中，公共权力的管制和干预最直接也最有效。因此，寻租往往指的是权力寻租，即公共权力为了获取高额租金而对经济活动的人为干预和管制。在这个意义上，所谓权力寻租是指公共权力掌握者以权力为筹码来获取自身超额经济利益的一种非生产性活动。权力寻租者将公权化为私权，以谋取金钱和物质利益。在市场条件下，权力本身也是一种稀缺资源，具有可交换性，可以和其他市场资源进行交换。权力寻租的实质是把权力商品化或权力资本化，将权力视为一种资本，去参与市场中的商品交换，获取经济利益。权力寻租的表现方式有很多种，常见的权钱交换、权物交换、权色交换、权权交换都是权力寻租的具体表现形式。一般来说，传统经济交换所获取的利益收入是合理、合法的，而权力寻租获得的利益收入则是不合理、不合法的。因为，一旦权力进入交换领域，带来利益和收益，就会成为权力腐败的原动力，加速权力的腐败和异化。

从性质上看，权力寻租是一种权力的异化和腐败行为，是公权力插手经济活动领域意图获得额外收入的权力不当行使行为。在经济学理论上，权力寻租行为是一种纯粹的财富性转移活动或非生产性活动，权力寻租行为本身不产生任何经济效益，也不创造任何社会财富，它仅仅意味着社会财富在不同群体之间的再次流转分配。更为严重的是，这种利益之间的流转分配通常意味着掌握公权力的政府和强势利益集团对弱势群体的掠夺，容易产生利益分配上的不平等和社会矛盾的激化，造成社会秩序的严重失衡和经济秩序的严重破坏，因此，从经济学角度来看，需要对权力寻租行为进行规制治理。由于我国一直存在强政府、弱社会的发展格局，政府和其他公权力部门在经济发展中起到至关重要的作用，这就使得我国的公共权力和经济发展的关系非常密切，为公共权力的寻租行为提供了广泛的空间和可能性。权力寻租行为违反了公平竞争的市场原则，违背了公平正义的社会规范，迷信权力至上、金钱至上、关系至上，将市场经济下的竞争原则和社会正义下的公平公正抛在一旁，利用权力的管制和干预建立起权力、金钱和关系三位一体的畸形体制。这种体制严重侵害了市场经济的活动基础，导致了市场利益分配机制的极度扭曲，严重侵害了其他市场活动主体的合法权利，使得正常的市场体制严重遭到破坏，引发社会风气的恶化，最终导致社会道德的集体沦丧。权力寻租行为造成的一些政策性问题，如地方保护主义、部门保护主义不仅会阻碍市场资源的正常竞争，同时还会妨碍市场资源的有效流动，引发贸易壁垒和贸易争端，加剧市场之间的不信任。在权力寻租盛行的体制下，企业获得经济利益的最主要因素不是提高技术和改进质量，而是依靠权力的支持获得政策性特许，排除其他市场主体的合理有效竞争。这导致很多市场主体的重心不是放在市场竞争上，而是放到了如何进行权力寻租上，导致了市场竞争不充分、竞争程度低，引发一系列严重的社会性问题。因此，权力寻租行为对于市场经济、政府运行和社会风气都有很大的破坏作用，需要我们按照习近平总书记的重要讲话精神和党中央的决策部署，采取有效措施对权力寻租行为进行积极的预防与惩治，以尽可能地消除权力寻租带来的消极后果，确保全面深化改革的顺利进行。

（二）风腐同查同治的根本指向是规范权力运行，防止权力滥用

习近平总书记一直很关注权力的正当行使问题，早在福建任职时就指出，党政机关是否保持廉洁，关系到党的存亡和人心的向背，也关系到社会主义经济的命运。习近平总书记强调，对领导干部廉政建设来说，有四句话可以作为警钟长鸣。第一句话，"苟非吾之所有，虽一毫而莫取"，这是作为党员干部的起码要求。第二句话，"熊掌和鱼，不可兼得"，不要既想当官，又想发财，要当干部就不要想发财，这一条恐怕是古今中外概莫能外。有所追求，必有所丧失。第三句话，"寸心不昧，万法皆明"，贪污受贿，鱼肉乡民，这是党纪国法所不容的。第四句话，"为官一场，造福一方"，当干部的宗旨就是奉献，利益问

题上，"拿来主义"要不得，不能图实惠，谋私利。①习近平总书记曾多次引用过这样一副对联："得一官不荣，失一官不辱，勿道一官无用，地方全靠一官；穿百姓之衣，吃百姓之饭，莫以百姓可欺，自己也是百姓。"这是清朝康熙年间知县高以永在河南南阳内乡任职期间撰写的一副对联，形象揭示出了官与民的关系。封建官吏尚且有如此深刻的认识，作为新时代领导干部更应该牢固树立正确的权力观，切实做到权为民所赋、权为民所用。权力意味奉献，职位意味服务；作为决定地位，奉献决定价值。每一名领导干部都要认识到，离开组织培养、离开工作岗位，领导干部与普通群众没有什么两样。不管什么时候、身处何地何位，都要以普通群众的视角和心态去面对人和事，清正做人、清白做官，为民服务、踏实干事，始终做到居上而不骄、处下而不忧，善待权力、珍惜权力、用好权力。

党的二十大后，党中央以中国式现代化全面推进强国建设、民族复兴伟业，带领全党全国以锐意进取、昂扬向上的姿态推动政治、经济、社会、文化、民生、科技等全方位进步，不断夺取全面建设社会主义现代化国家新胜利。目前，我国正处于新的大发展大建设时期，权力集中、资金密集、资源富集领域的腐败问题易发多发，新型腐败、隐性腐败花样翻新，并呈现出权力变现期权化、风腐交织一体化等特点，地域性、系统性、行业性腐败问题存量与增量相互交织、动态转化。正如习近平总书记所强调的，我们必须清醒认识到，腐败和反腐败较量还在激烈进行，并呈现出一些新的阶段性特征，防范形形色色的利益集团成伙作势、"围猎"腐蚀还任重道远，有效应对腐败手段

---

① 习近平：《摆脱贫困》，福建人民出版社1992年版，第74-75页。

隐形变异、翻新升级还任重道远，彻底铲除腐败滋生土壤、实现海晏河清还任重道远，清理系统性腐败、化解风险隐患还任重道远。

风腐行为的本质是权力滥用，是用权力交换利益，权力一旦失去制约和监督就必然产生腐败。风腐行为侵害的是人民群众利益，如果任由权力出轨、恣意横行，大搞权权、权钱、权色交易，则社会不均、分配不公等问题和矛盾必然突出，会激化社会冲突、危害社会稳定，动摇党的执政根基、影响党的生死存亡。旗帜鲜明反对腐败、坚定不移惩治腐败，是我们党一贯坚持的政治立场，是关乎党的兴衰存亡的重大政治问题。反腐败不可能"毕其功于一役"，只要存在腐败问题产生的土壤和条件，反腐败斗争就一刻不能停。坚持风腐同查同治，是针对风腐一体同生的本质特征作出的必然选择，其根本指向和目的是规范权力运行，防止权力滥用。从风腐交织的现实危害上看，不正之风顽固多发、屡禁不止滋生腐败行为，腐败行为反过来又会助长加剧不正之风、甚至催生新的作风问题。坚持风腐同查同治，是针对风腐交织现状作出的科学决策。从风腐同查同治的综合效用上看，将风腐问题统筹来抓、一体纠治，既"由风查腐"循线深挖，又"由腐纠风"双向突破，才能斩断风腐勾连链条，实现系统施治、标本兼治。坚持风腐同查同治，是筑牢中央八项规定堤坝、铲除腐败滋生的土壤和条件的实践路径。实践表明，不同领域、不同层级的风腐一体、风腐交织问题往往有各自的表现形式，但也有其共性，很多贪腐分子都是从一条烟、一箱酒、一桌餐开始，逐步发展到以权谋私、贪污侵占、插手工程，由作风问题逐渐走上腐化堕落的道路。

坚持权为民所赋、权为民所用，是我党全心全意为人民服务的根本宗旨所决定的，也是从根本上、根源上解决风腐同查同治问题的唯一方法。不少的违纪违法者，最终走向违法犯罪的深渊中不能自拔，很重要的一个原因就是权力观出了错位，自以为手中有权就可以为所欲为，背离了党的根本宗旨，把人民赋予的权力当作中饱私囊、谋取私利的工具，走到了人民的对立面。剖析这些违法犯罪干部的落马原因，贪腐可谓是最大的问题。而要想解决领导干部的贪腐问题，必须教育引导其树立正确的权力观，确保权力的正当行使。树牢正确的权力观，依法用权是关键。坚持依法用权，就要严格按照法定程序行使权力，决不能随心所欲、徇私枉法。坚持依法用权是一种制度思维。制定法律、实施法律都要靠人来完成，这个过程必须以法治方式实现，体现法治精神的要求。片面强调人和权力的作用，忽视法的作用，将会导致以言代法、以权压法，甚至徇私枉法、以权废法，这方面的教训值得我们深刻汲取。应当坚决摒弃"长官意志至上""权力大于法律"的错误观念，坚决摒弃"官本位"和特权思想，牢固树立"民本位"和民主思想，全面遵守法律和各项制度的规定，依法运用权力，合法履行职责，既不能越权、滥权，也不能怠于行使职权。法治思维的一个根本要求是正确认识权力的来源和行使方式。我国宪法规定，我国是人民当家作主的社会主义国家，国家的一切权力属于人民，宪法法律是党和人民意志的体现。忠于宪法法律，就是忠于党，就是忠于人民；实施宪法法律，就是实现党的意志，就是落实人民的意志；维护宪法法律的权威，就是维护党的权威，就是维护人民的权威。法治思维是实现人民当家作主的必然要求。民主是实现法治的制度基础，而建立在民主基础上的法治是对民主真实性的制度保障，是对人民群众根本利益的维护。以法治为基础，能够使民主真正得到实现，能够促进社会公平正义，增进人民福祉。马克思主义权力观概括起来是两句话：权为民所赋，权为民所用。情是否为民所系，利是否为民所谋，源头和关键在于是否体现权为民所赋、权为民所用。要防止权力失范甚至权力滥用，就要科学配置权力，加强对权力的制约监督，建立决策科学、执行坚决、监督有力的权力运行体系，形成科学有效的权力制约和协调机制，监督权力行使的方向，保障权力行使的目标，维护人民群众的最根本利益。

三、以"查""治"贯通阻断风腐演变

风腐同根同源，风腐同查同治，是党在新时代对正风肃纪反腐实践规律的深刻认识和科学把握。习近平总书记在二十届中央纪委四次全会上发表重要讲话指出，要深入推进风腐同查同治。二十届中央纪委四次全会贯彻落实习近平总书记重要要求，部署了"八个着力推动"重点任务，其中一项就是"健全不正之风和腐败问题同查同治机制，着力推动正风反腐一体深化"，强调要以"查""治"贯通阻断风腐演变，制定关于推进不正之风和腐败问题同查同治的意见，以大数据信息化赋能正风反腐。因此，不正之风和腐败问题相互交织，是现阶段党风廉政建设和反腐败斗争要着力解决的突出问题。实践表明，只惩治腐败，不纠治歪风，腐败就得不到有效清除；作风堤坝不牢固，腐败治理成果也难以巩固。

推进风腐同查同治，要深刻认识风腐一体问题的严重危害性，坚持正风肃纪反腐相贯通，一体推进整饬作风、惩治腐败，将纠治不正之风和惩治腐败问题更加紧密地贯通起来，既要在"查"上动真格，以"同查"深挖不正之风背后的腐败问题，又要在"治"上见真章，以"同治"铲除风腐问题滋生的土壤和条件，以"查""治"贯通阻断风腐演变。

（一）压实主体责任，健全体制机制

坚持风腐同查同治，斩断风腐演变链条，最终赢得反腐败斗争这场攻坚战、持久战、总体战的胜利，必须健全完善"查""治"贯通、常态长效的工作机制，坚持风腐同查、纪法同施，不断完善纠治"四风"长效机制，着力解决由风查腐、由腐纠风的堵点难点，提升综合治理效能。

一要压实主体责任。办好中国的事情，关键在党，关键在党要管党治党。党委（党组）是全面从严治党的主体，在履行全面从严治党责任上承担着主体责任、政治责任、领导责任。不论是作风建设还是反腐败斗争，都是党委（党组）的分内之事、工作职责，必须履行好主体责任，切实将加强作风建设、推进反腐败斗争纳入重要议事日程，切实担负全面从严治党主体责任。纪检监察部门要压紧压实风腐同查同治责任，协助党委履行好全面从严治党主体责任，通过做深做实政治谈话、约谈提醒等方式，强化对"一把手"和领导班子监督，推动党员领导干部知责明责担责。

二要完善体制机制。反腐败既要严厉惩处、形成震慑，又要突出治理、抓好预防，查找可能存在的体制机制问题、制度短板、监管漏洞，深入剖析根源，有针对性地提出意见建议，推动有关地区、部门整改落实，着力构建和完善防治腐败滋生蔓延的体制机制。领导干部是事业发展的中坚力量，是"关键少数"，党和国家事业发展要靠领导干部的牵头引领作用，推进风腐同查同治也要发挥领导干部的带动示范作用。在对象上，要紧盯"关键少数"，推动完善管权治吏体制机制，加强对"一把手"和领导班子执行民主集中制、依规依纪依法履职用权等情况的监督，推动领导干部在严格自律、清正廉洁上带好头；在内容上，要强化权力监督制约，抓住政策制定、决策程序、审批监管、执法司法等关键权力，推动职能部门严格职责权限，建立权力运行可查询、可追溯的反馈机制，确保权力正确行使；在重点上，要建立腐败预警惩治联动机制，加强对"关联交易"、政商旋转门、影子公司等新型腐败的分析研究，创新运用大数据等信息化手段监督办案，提高及时发现、有效处理腐败问题能力。

三要做实促改促治。要坚持受贿行贿一起查，注意甄别脱离实际定政策、违反程序作决策、审查审批走过场等问题线索背后是否存在权钱交易行为，着力查处资本无序扩张、平台垄断行为，落实行贿人"黑名单"制度，斩断权钱交易的利益链条。要完善通报曝光机制，加大对风腐一体、风腐交织问题通报力度，把个案剖析与类案分析结合起来，既督促个案所涉地区、单位进行整改，又加强对风腐类案规律、特点的研究，准确把握地区性、行业性、阶段性特点，对共性问题、反复发生的问题、群众反映强烈的问题，加强监督纠治、开展专项治理。要增强震慑效应，强化警示作用，深入挖掘涉案人员由风及腐、蜕化变质的历程，引导党员干部强化纪律意识，坚决守住中央八项规定的铁规矩、硬杠杠，涵养为民务实清廉的政治品格。

（二）强化系统观念，增强治理合力

风腐同查同治是系统工程，必须强化系统观念，多方联动、形成合力，准确把握风腐同源、由风及腐、风腐一体的特点，既"由风查腐"循线深挖，又"由腐纠风"双向突破，着力提升风腐一体纠治的综合效能。

一要增强系统观念。深入推进风腐同查同治，要加强统筹协调，深化系统施治、标本兼治，打通影响制约风腐同查同治的堵点淤点难点，把反"四风"和反腐败统筹起来，落实到党风政风监督、监督检查、审查调查、案件审理等工作中，一体谋划和纠治，做到力量配备科学合理、信息沟通高效便捷。

二要形成查治合力。要加强上下联动，通过提级办理、驻点指导等方式，推动风腐问题一体查处治理；要加强内部统筹，强化党风政风监督、信访、监督检查、审查调查等部门工作统筹，一体谋划和纠治风腐问题；要加强部门协同，加大与公安、财政、审计等部门信息沟通、线索移送、联查识别、成果共享力度，对重大复杂疑难风腐问题及时研判分析，切实增强风腐同查同治的系统性、协同性，在查处"四风"问题的同时，对有无吃喝圈、请托事项、利益输送、权钱交易等问题进行严格排查，注重由"风"的线头扯出"腐"的线团，推动形成查治一体合力。

三要注重培本固元。坚持正风肃纪反腐相贯通，需要着力强化党的创新理论武装，推动党性教育和理想信念教育常态化制度化，加强新时代廉洁文化建设，督促引导党员干部从思想上正本清源、固本培元。一是强化理论武装。政治上的坚定，源于理论上的清醒。坚持以科学理论引领、用科学理论武装，是我们党永葆先进性、纯洁性的根本保证。在新征程上，面对更为艰巨的历史任务，需要深化理论学习、强化理论思维、注重理论转化，深入学习贯彻习近平新时代中国特色社会主义思想，深刻领悟"两个确立"的决定性意义，坚决做到"两个维护"，不断提高政治判断力、政治领悟力、政治执行力，始终与党中央保持高度一致。二是涵养浩然正气。要加强新时代廉洁文化建设，丰富廉洁文化产品和服务供给，挖掘历史文献、文物古迹中的廉洁思想，打造特色廉洁文化品牌，以先进文化启智润心，以高尚道德砥砺品格，惩治震慑、制度约束、提高觉悟一体发力，坚决防止和反对宗派主义、圈子文化、关系学、潜规则等陋习，斩断糟粕文化的代际传递，培育崇廉拒腐、克己奉公的价值理念和新风正气，形成遵规守纪、崇廉拒腐的思想自觉和行动自觉。三是严格家教家风。家风家教是一个家庭最宝贵的财富，是留给子孙后代最好的遗产。习近平总书记强调，党员干部要严格家教家风，既要自己以身作则，又要对亲属子女看得紧一点、管得勤一点，坚决防止他们打着自己的旗号搞特权、谋私利，坚决防止他们被"围猎"、被利用。要把家风建设摆在党风廉政建设的重要位置，大力开展清廉家风主题宣传教育，建立健全领导干部家风建设监督机制，督促党员领导干部自觉做到廉洁修身、廉洁齐家，严格家教家风，以好家风在全社会涵养好风气。

（三）加强监督检查，推进标本兼治

腐败是多种因素交互作用的结果，既有惩罚力度不够、制度不完善、监督乏力的原因，也有私欲作祟、侥幸心理等因素，还与政治生态、社会风气和文化传统有着密切关系。在反腐败斗争中，治标主要是指查办案件、惩处腐败分子，强化反腐的威慑力；治本主要强调消除腐败滋生的土壤和条件，从源头上治理腐败。只有坚持标本兼治，既注重夯实治本基础，又敢于运用治标利器，才能从根源上治理腐败问题，实现党和国家长治久安。

一要加强监督检查。阳光是最好的防腐剂，监督是预防腐败的利器。新征程上，以自我监督和人民监督相结合为强大动力，深入推进党的自我革命，要深化党和国家监督体制改革，把党内监督同国家机关监督、民主监督、司法监督、群众监督、舆论监督贯通起来，增强监督的严肃性、协同性、有效性，实现自律和他律良性互动、相得益彰，最大限度发挥监督的整体效能，使监督覆盖到权力运行的各环节和各方面。要统筹用好监督检查、审查调查、巡视巡察、派驻监督等力量，与人大监督、民主监督、行政监督、司法监督等贯通协调，健全信息、资源、成果共享机制，形成监督合力。要纵深推进数字纪检监察体系建设，深化信息化应用、大数据赋能，完善公权力运行数字化监管机制，推动监督关口前移，不断提升监督治理效能，确保党和人民赋予的权力始终用来为事业谋发展、为人民谋幸福。

二要推动双向突破。要始终保持反腐败高压态势，深刻把握人跟风走、贿随权集等表现特征，坚持凡查腐败案件必挖"四风"线索，构建"由腐纠风"工作链条；要前移反腐败防线，抓实日常监督，深化运用"四种形态"，抓早抓小、防微杜渐，有效防止腐败滋长。"由腐纠风"推动双向突破；要增强问题线索处置的实效性，持续把"四风"问题作为审查调查的重点，加强问题线索发现、移送、处置、管理，增强类案分析施策的针对性，用好纪检监察建议，开展专项治理，切实阻断风腐演变；要把严的基调贯穿始终，对吃喝问题发现一起、查处一起，对违规吃喝问题做到"六必查"，即查清时间场所、组织人员、参与人员、吃喝事由、经费来源和请托事项，严肃查处吃喝问题背后的利益交换、请托办事、搞"小圈子"等问题。

三要推进标本兼治。习近平总书记指出，标本兼治是我们党管党治党的一贯要求。深入推进全面从严治党，必须坚持标本兼治。推进风腐同查同治，既要严查违纪违规行为，也要标本兼治，在铲除土壤、堵塞漏洞上下功夫。一方面，要联合公安、财政、税务、市场监管等部门，完善情况互通、信息共享、会商研判、措施配合、线索移送等机制，深化联动整治、靶向纠治；另一方面，要把制度建设作为专项整治重要内容，围绕违规吃喝问题深化以案促改、以案促治，推动有关地区、涉案单位深入查找和堵塞制度方面漏洞，督促职能部门进一步完善细化公务接待、商务招待等方面规定，确保纠治工作常态化长效化。

2024 年底，中央纪委国家监委公开通报 7 起违反中央八项规定精神典型问题：四川省政协原党组成员、副主席杨克宁接受可能影响公正执行公务的宴请和旅游活动安排，违规收受礼品、礼金，违规操办其子婚宴问题；甘肃省政府原党组成员、副省长杨子兴违规接受宴请和旅游活动安排，违规公款吃喝等问题；黑龙江省齐齐哈尔市人大常委会原党组成员、副主任刘锋违规收受礼金，违规出入私人会所，接受可能影响公正执行公务的宴请和旅游活动安排等问题；国家林业和草原局林草调查规划院原副院长唐小平长期违规收受礼品、礼金问题；湖北省仙桃市委原常委、原副市长吴熙垚违规组织公款吃喝，违规出入私人会所等问题；中国移动广西公司原党委委员、副总经理陈涛接受可能影响公正执行公务的宴请，违规收受礼品问题；中国农业发展银行辽宁省分行营业部原党委委员、副总经理颜鹏违规操办婚丧喜庆问题。通报指出，中央八项规定是铁规矩、硬杠杠，必须一刻不松、寸步不让，零容忍纠治"四风"，坚决反对特权思想和特权现象，不断培土加固中央八项规定堤坝。各级党组织和领导干部要时刻保持清醒坚定，深刻认识不正之风的严重危害，高度警惕风腐交织的现实风险，毫不松懈抓好干部教育管理监督，坚决打掉一些人降调变调的错误期待，坚决斩断由风及腐的链条，不断以作风建设新成效赢得群众支持、促进事业发展。各级纪检监察机关要把严的基调一贯到底，聚焦领导干部、新提拔干部、年轻干部等关键群体，紧盯违规吃喝、违规收送礼品礼金等突出问题，对顶风违纪行为严查快处，形成强大震慑。要坚持风腐同查同治，以同查破解不正之风隐形变异发现难问题，以同治铲除风腐问题滋生的土壤和条件，一体推进整饬作风、惩治腐败。

坚持正风肃纪反腐相贯通，以"同查"严惩风腐交织问题，以"同治"铲除风腐共性根源，以"查""治"贯通阻断风腐演变，要根据由风及腐、风腐一体的特点，严肃查处不正之风及其背后的腐败问题，加强对由风及腐、风腐交织情况的分析，多管齐下、多措并举，贯通信访举报、巡视巡察、监督检查、审查调查各渠道，凝聚公安、市场监管、财税、审计、群众等监督合力，拓宽畅通举报渠道，用好大数据手段，加强监督检查、明察暗访，及时发现、严肃查处违规违纪行为，通报曝光典型案例，对顶风违纪行为严惩不贷，对风腐交织问题同查同治，把系统观念贯穿违规吃喝专项整治全过程，推动堵塞制度和监管漏洞。纠治"四风"永不停歇，作风建设永不止步。深入推进风腐同查同治不是一蹴而就的，更不是一劳永逸的，要绵绵用力、久久为功，激浊扬清、扶正祛邪，更加坚定不移加强作风建设，不断培土加固中央八项规定堤坝，着力推动正风反腐一体深化，以清风正气凝聚干事创业的正能量，为开创各项事业蓬勃发展的新局面提供坚强保障。

第八讲

建立常态化长效化的纪律教育机制

· · · · · ·

纪律是党的生命线。我们党是靠革命理想和铁的纪律组织起来的马克思主义政党，纪律严明是党的光荣传统和独特优势。毛泽东同志指出："加强纪律性，革命无不胜。"邓小平同志指出："我们这么大一个国家，怎样才能团结起来、组织起来呢？一靠理想，二靠纪律。"习近平总书记强调："纪律不严，从严治党就无从谈起。"党的纪律本质上是党的创新理论的制度呈现，是党的性质宗旨的规范凝结，是党的先进性和纯洁性的实践升华。开展党纪学习教育、加强党的纪律建设，是深入学习贯彻习近平总书记关于加强党的纪律建设的重要论述的重要举措，是强化纪律规矩意识、维护党的团结统一的根本保证，是推进全面从严治党、保持党的先进性和纯洁性的内在要求。高质量完成党纪学习教育任务，必须坚持以习近平新时代中国特色社会主义思想，特别是习近平总书记关于党的建设的重要思想、习近平总书记关于党的自我革命的重要思想为指导，把加强纪律教育作为党员干部的第一课、必修课、常修课，把思想引领、党性锻炼、廉洁要求贯穿于党纪学习教育始终，不断增强坚定拥护"两个确立"、坚决做到"两个维护"的思想自觉、政治自觉和行动自觉，切实把思想和行动统一到党中央决策部署上来。

一、以理论清醒保证政治坚定

　　思想是行动的先导，理论是实践的指南，注重思想建党、理论强党是我们党的鲜明特色和优良传统。习近平总书记深刻指出，"党的历次集中教育活动，都以思想教育打头，着力解决学习不深入、思想不统一、行动跟不上的问题"。党的十八大以来，我们把思想建设作为党的基础性建设，先后开展党的群众路线教育实践活动、"三严三实"专题教育、"两学一做"学习教育、"不忘初心、牢记使命"主题教育、党史学习教育、学习贯彻习近平新时代中国特色社会主义思想主题教育、党纪学习教育、中央八项规定精神学习教育等多次党内集中教育，教育引导党员干部从思想上正本清源，从党的科学理论中悟规律、明方向、学方法、增智慧，筑牢信仰之基、补足精神之钙、把稳思想之舵。特别是 2024 年党中央印发的《关于在全党开展党纪学习教育的通知》专门指出，在全党开展党纪学习教育，要坚持以习近平新时代中国特色社会主义思想为指导，聚焦解决一些党员、干部对党规党纪不上心、不了解、不掌握等问题，进一步强化纪律意识、加强自我约束、提高免疫能力，增强政治定力、纪律定力、道德定力、抵腐定力。

理论上清醒，政治上才能坚定，思想理论上的坚定清醒是政治上坚定的前提。加强思想教育和理论武装，是党内历次集中教育的首要任务，是保证全党统一思想、统一意志、统一行动的根本前提，是百年来党始终立于不败之地的力量源泉。在当下，党的理论创新集中体现为习近平新时代中国特色社会主义思想，是我们党武装头脑、指导实践、推动工作的"指南针"，是破解难题、攻坚克难的"金钥匙"，是抵御风险挑战、保证行稳致远的"定盘星"。必须坚持真学真懂真信真用，学深悟透践行，将其转化为坚定理想、锤炼党性和指导实践、推动工作的强大力量，不断推动党和国家事业发展开创新局面。

如果说思想建党、理论强党是中国共产党在长期发展过程中积累形成的宝贵经验和光荣传统，那么制度治党、纪律严党就是中国共产党创造百年辉煌的优良作风和独特优势。党成立之初就高度重视党的纪律问题，把纪律建设摆上了重要位置，党的一大通过的《中国共产党第一个纲领》中就有纪律要求的专门规定，党的二大通过的第一部《中国共产党章程》中，专门把"纪律"作为单独章节设立，奠定了我们党纪律严明的基本基调，鲜明了我们党全面从严治党的精神底色。党的十八大以来，习近平总书记围绕解决大党独有难题、健全全面从严治党体系、全面加强党的纪律建设提出一系列新思想新观点新论断，形成了习近平总书记关于党的建设的重要思想和习近平总书记关于党的自我革命的重要思想，是习近平新时代中国特色社会主义思想的重要组成部分。深入开展党纪学习教育，必须坚持学理论、悟思想、守纪律相统一，把开展党纪学习教育与学习党的创新理论、推动高质量发展紧密结合，深入学习习近平总书记的相关重要论述和指示批示精神，将其作为开展党纪学习教育的基本依据、重要遵循，转化为开展执纪工作的体制机制、责任体系，固化为加强纪律教育的制度成果、刚性约束，用贯穿党的创新理论的立场观点方法引领党的纪律建设工作。要把"抓思想从严"放在党纪学习教育的首要位置，坚守信仰、坚定信念、坚持信心，切实解决好思想"总开关"、事业"总抓手"和工作"总闸门"这个根本问题，以理论清醒保证政治坚定、以思想自觉引领行动自觉，筑牢思想防线、坚守廉洁底线、远离法纪红线，始终做到慎言、慎行、慎独、慎微、慎初，推动纪律规矩入脑入心、刻印于心，使全党形成遵规守纪的高度自觉。

二、用党章党规党纪校正思想和行动

　　党性是党员干部立身、立业、立言、立德的基石。习近平总书记深刻指出："党性说到底就是立场问题。共产党人无论是想问题、搞研究，还是作决策、办事情，都必须站在党和人民立场上，而不能把个人利益放在第一位。这就是共产党人的党性原则。"严肃的党性修养、正确的价值取向、严密的组织纪律、牢固的党群关系，是党的性质和宗旨的基本要求，是全面落实党的路线方针政策的重要保障，也是加强党纪教育、提高党性修养、激励干事创业的根本保证。全面从严治党，既要靠治标，猛药去疴，重典治乱；也要靠治本，涵养文化，守住为政之本。习近平总书记曾经引用西汉《七发》中的一个故事，来说明固本培元的重要性：楚太子生病，吴客诊断其病源为精神萎靡，开出的药方是以"内无妄思"保证"外无妄动"，通过学习探讨"要言妙道"，慢慢"阳气见于眉宇之间"，最后"霍然病已"。因此，只有坚守内心、正心明道，才能立根固本、补气培元，这里的"本"就是本心、本根，本根不摇才能枝叶茂荣，既向下扎根又向上生长；这里的"元"就是元气、元神，元气充足才能百毒不侵，炼就金刚不坏之身。而固本培元的核心要义就在于加强党性锻炼、践行初心使命，修好共产党人的"心学"、念好党性教育这部"心经"。"欲事立，须是心立。"对共产党人来讲，"心"是立身之本、壮骨之钙、力量之源、信仰之基。背离了党性、丧失了信念、丢掉了宗旨、动摇了信仰，就会得"软骨病"，就会政治上变质、经济上贪婪、道德上堕落、生活上腐化。

对党员干部来说，党性教育是共产党人修身养性的必修课，也是党的纪律教育的本质要求和根本目标。习近平总书记明确指出："组织纪律性是党性修养的重要内容。加强组织纪律性必须增强党性。"纪律修养特别是政治纪律修养是党性修养的重要体现。2024年4月至7月在全党开展的党纪学习教育，专门强调要以学习贯彻《中国共产党纪律处分条例》为重点，教育引导党员干部进一步明确日常言行的衡量标尺，用党章党规党纪校正思想和行动，真正使学习党纪的过程成为增强纪律意识、提高党性修养的过程。加强纪律教育、提高党性修养，就是牢记自己的第一身份是共产党员、第一职责是为党工作，做到在党言党、在党忧党、在党兴党、在党护党，对党忠诚、为党分忧、为党尽责、为党奉献，自觉履行党员义务、严格遵守党的纪律、坚定维护党的形象，做到心有所畏、言有所戒、行有所止，始终在政治立场、政治方向、政治原则、政治道路上同党中央保持高度一致。纪律教育和党性教育是相辅相成、相互促进的有机统一关系。锤炼党性首先要严守纪律，能不能把政治纪律和政治规矩放在首位，是对党员党性的重要考验。看一个党员是不是合格党员、党的意识和观念重不重、党性强不强，最为关键的是要看是否遵守党的纪律和规矩。守纪律、讲规矩是共产党员党性的集中体现和重要内容，也是共产党员最基本的自我约束和自我要求。

习近平总书记强调，党性、党风、党纪是有机整体，党性是根本，党风是表现，党纪是保障。坚强的党性、优良的作风、严明的纪律是我们党的鲜明特点。此次党纪学习教育的一个重要目标要求，就是适应全面从严治党新形势新任务新要求，坚持党性党风党纪一起抓，一体推进锤炼党性、纯洁党风、严明党纪，教育引导党员干部学纪、知纪、明纪、守纪，搞清楚党的纪律规矩是什么，弄明白能干什么、不能干什么，始终做到忠诚干净担当。在党纪学习教育中，要从讲政治、守纪律、强党性的高度，深入学习新修订纪律处分条例的精神内涵、主旨要义和规定要求，知敬畏、受警醒、存戒惧、明底线，不断增强政治意识、树牢纪律观念、加强党性修养，使铁的纪律真正转化为日常习惯和自觉遵循，内化为日用而不觉的言行准则。

三、增强政治定力、纪律定力、道德定力、抵腐定力

　　清正廉洁是对人的行为及道德修养的基本要求，更是党员干部执政操守的核心品格，是从政道德的原则底线。清正廉洁，要求清白做人、干净做事，时刻把党和人民的利益放在首位，严格遵守党纪国法，坚持高尚的精神追求，永葆共产党人的浩然正气，切实做到拒腐蚀、永不沾，确保我们党永远不变质、不变色、不变味。新时代党员干部必须提高政治站位，进一步严把廉洁从政之"门"，严守纪律作风之"规"，时刻自重自省自警自励，老实做人、踏实干事、清白为官，不断巩固风清气正的政治生态。中国共产党的先进性、纯洁性不是天生的，而是在不断自我革命中淬炼而成的。作为百年大党、世界最大马克思主义执政党，我们党历经千锤百炼仍朝气蓬勃，根本原因就在于党敢于直面自身存在的问题。从首部党章设纪律专章到党的五大设立中央监察委员会，从"窑洞对"到"进京赶考"，从"两个务必"到"三个务必"，从"反腐倡廉建设"到"全面从严治党"，我们党的百年奋

斗史就是一部以伟大自我革命引领伟大社会革命、以伟大社会革命促进伟大自我革命的不懈奋斗史。

作为规范党组织和党员行为的基础性法规，新修订的《中国共产党纪律处分条例》是反腐败斗争的重要武器，通过进一步严明党纪党规，推动形成风清气正的政治生态。在全党开展党纪学习教育，必须抓住学习重点，督促党员干部学纪、知纪、明纪、守纪，全面提升党性修养、强化纪律意识、践行廉洁准则，增强拒腐防变的免疫力。实践中查处的无数案例表明，法纪知识缺乏、纪律意识淡薄是一些党员干部滑向违法犯罪深渊的重要原因，如果对党纪法纪知识缺少学习、缺少了解、缺少敬畏，就很容易"踩地雷""闯红线""碰高压线"。因此，开展党纪学习教育，把纪律挺在前面，是共产党员必须修好的遵纪守法第一课，是领导干部必须常修的履职尽责必修课，是贯彻落实"不敢腐、不能腐、不想腐"一体推进的必然要求。2023 年 8 月，中共中央办公厅、国务院办公厅印发的《关于建立领导干部应知应会党内法规和国家法律清单制度的意见》专门强调，要根据工作需要，深入学习中国共产党党内监督条例、巡视工作条例、问责条例、纪律处分条例等，坚决贯彻党的自我革命战略部署，不断强化党的意识、纪律意识、规矩意识。2024 年 2 月，中共中央办公厅印发的《关于巩固拓展学习贯彻习近平新时代中国特色社会主义思想主题教育成果的意见》也明确提出，坚持经常性纪律教育与集中性纪律教育相结合，推动党员、干部认真学习党的纪律规矩特别是政治纪律和政治规矩，筑牢思想防线，坚守纪律红线，组织开展集中性纪律教育，着力解决一些党员、干部对党规党纪不上心、不了解、不掌握等问题。

治国必先治党，治党务必从严。在新时代，我们党必须以党的自我革命来推动党领导人民进行的伟大社会革命，坚持底线思维、增强忧患意识，牢记初心使命、提高本领能力，通过顽强斗争打开事业发展新天地。党员干部要牢记清廉是福、贪欲是祸的道理，树立和践行正确的权力观、政绩观、事业观，任何时候都要稳得住心神、管得住行为、守得住清白，保持顺势而为、乘势而上的政治清醒，保持为官一任、造福一方的为民情怀，保持干净干事、勤廉担当的优良作风，清清白白做人，干干净净做事，不断涵养为民务实清廉的政治品格，永葆忠诚干净担当的政治本色。

第九讲

树牢正确权力观、政绩观、事业观

以全面从严治党新成效为推进中国式现代化提供坚强保障，需要着重从思想上解决好"权力为谁而用、政绩为谁而树、事业为谁而干"这三个前提性问题，树牢权为民赋、当为民用的权力观，树牢为民造福、为党尽责的政绩观，树牢为民执政、担当作为的事业观。切实把人民立场作为党和国家事业发展的根本政治立场，把党性教育作为修身养性必修课，把不忘初心、牢记使命作为永恒课题和终身课题，努力创造经得起实践、人民和历史检验的过硬实绩。

一、树牢权为民赋、当为民用的权力观

权力是"国之大者""天下公器",事关国家安危、社会治乱、人心向背。权力观是指人们对待权力问题的基本看法和态度,包括权力的来源、权力的性质、使用权力的基本态度,它是掌权者的世界观、人生观、价值观的集中体现,是关于国家权力的根本观点。人民是历史的创造者,是推动社会变革的决定性力量。这是马克思主义唯物史观的基本原理。马克思主义权力观认为,人民群众是国家的一切权力的主体和最终来源,人民群众是物质财富和精神财富的创造者,是推动社会发展的决定力量。马克思主义权力观概括起来就是两句话:权为民所赋,权为民所用。这两句话反映了马克思主义权力观的本质要求和核心内容,它包含两层意思:前一个是权力是人民群众赋予的,即权为民所赋;后一个是领导干部受人民群众委托代行公共权力,即权为民所用。这就决定了人民群众是主人,领导干部是公仆。前一句话指明了权力的根本来源和基础,后一句话指明了权力的根本性质和归宿。坚持马克思主义权力观,就必须始终牢记社会主义国家的一切权力都是属于人民的，始终牢记作为在全国执掌政权的执政党，广大党员干部手中的权力都是人民赋予的，始终牢记党员干部手中的权力只能用来为人民谋利益，任何人行使权力都必须为人民服务、对人民负责并自觉接受人民监督。

"足寒伤心，民寒伤国。"民之疾苦，国之要事。党的十八大以来，习近平总书记从党和国家事业发展的战略全局出发，紧密联系新时代党的建设新的伟大工程的具体实际，始终坚持以人民为中心的发展思想，围绕如何牢固树立正确的权力观提出了一系列重要论断，把对马克思主义权力观的认识推向新的高度。

2013年6月28日，习近平总书记在全国组织工作会议上指出，党的干部必须敬畏权力、管好权力、慎用权力，守住自己的政治生命，保持拒腐蚀、永不沾的政治本色。他强调，我们的干部都是党的干部，权力都是党和人民赋予的，更应该在工作中敢作敢为、锐意进取，在做人上谦虚谨慎、戒骄戒躁。

2013年12月26日，习近平总书记在纪念毛泽东同志诞辰一百二十周年座谈会上指出，坚持群众路线，就要坚持人民是决定我们前途命运的根本力量。坚持人民主体地位，充分调动人民积极性，始终是我们党立于不败之地的强大根基。在人民面前，我们永远是小学生，必须自觉拜人民为师，向能者求教，向智者问策；必须充分尊重人民所表达的意愿、所创造的经验、所拥有的权利、所发挥的作用。我们要珍惜人民给予的权力，用好人民给予的权力，自觉让人民监督权力，紧紧依靠人民创造历史伟业，使我们党的根基永远坚如磐石。

2014年3月9日，习近平总书记在参加十二届全国人大二次会议安徽代表团审议时指出，严以用权，就是要坚持用权为民，按规则、按制度行使权力，把权力关进制度的笼子里，任何时候都不搞特权、不以权谋私。

2014年9月5日，习近平总书记在庆祝全国人民代表大会成立六十周年大会上指出，我们要坚持国家一切权力属于人民，既保证人民依法实行民主选举，也保证人民依法实行民主决策、民主管理、民主监督，切实防止出现选举时漫天许诺、选举后无人过问的现象。

2015年1月12日，习近平总书记在中共中央党校县委书记研修班学员座谈会上指出，我们的权力是党和人民赋予的，是为党和人民做事用的，姓公不姓私，只能用来为党分忧、为国干事、为民谋利。要正确行使权力，依法用权、秉公用权、廉洁用权，做到法定职权必须为，法无授权不可为，保持如临深渊、如履薄冰的谨慎，做到心有所畏、言有所戒、行有所止，处理好公和私、情和法、利和法的关系。

2015年2月2日，习近平总书记在省部级主要领导干部学习贯彻党的十八届四中全会精神全面推进依法治国专题研讨班上指出，对各级党政组织、各级领导干部来说，权大还是法大则是一个真命题。纵观人类政治文明史，权力是一把双刃剑，在法治轨道上行使可以造福人民，在法律之外行使则必然祸害国家和人民。

2017年10月18日，习近平总书记在中国共产党第十九次全国代表大会上的报告中指出，要加强对权力运行的制约和监督，让人民监督权力，让权力在阳光下运行，把权力关进制度的笼子。

2022年10月16日，习近平总书记在中国共产党第二十次全国代表大会上的报告中指出，完善权力监督制约机制，以党内监督为主导，促进各类监督贯通协调，让权力在阳光下运行。

2023年6月8日，习近平总书记在内蒙古考察时强调，要弘扬清廉之风，教育各级领导干部牢固树立正确权力观，全面查找廉洁风险点，筑牢思想防线，坚守法纪红线。要按照"三不腐"要求健全相关制度、严格执纪，建好护栏。要养成俭朴之风，把生活作风问题作为检视整改的重要内容，督促广大党员干部保持清醒头脑，筑牢贯彻落实中央八项规定及实施细则精神的堤坝。

通过这一系列重要论述，习近平总书记深刻阐述了马克思主义权力观的思想精髓，系统论述了树立正确的权力观的重要意义，着重指出了坚持为人民掌好权用好权的基本要求，对各级领导干部牢固树立宗旨意识、树立正确的权力观，深刻认识"权力不是一种荣耀，而是一副担子"的含义，正确理解"权力就是责任、干部就是公仆、领导就是服务"的关系，明确"为人民掌好权、执好政"的要求，具有重要的指导作用。各级领导干部必须牢记，我们手中的权力是人民赋予的，只能用来为人民谋利益。行使权力就必须为人民服务、对人民负责并自觉接受人民监督，决不能把权力变成牟取个人或少数人私利的工具。"安民之道，在于察其疾苦。"身为领导干部，必须怀忧民之情、担为民之责、行利民之举，以"民之所望"为"政之所向"，解困民之忧、凭为民之实、得百姓之心。各级领导干部都要自重、自省、自警、自励，讲党性、重品行、作表率，做到立身不忘做人之本、为政不移公仆之心、用权不谋一己之私，永葆共产党人政治本色。

法治是治国理政的基本方式，是国家治理体系和治理能力现代化的重要依托。现代政治在本质上是法治政治，通过法治来规范政治行为、制约国家权力已经成为当今世界的普遍选择。法治最基本的精神是限制国家权力、保障公民权利，通过对国家权力的限制来达到权利保障的目的。从法治的视角来看，腐败的本质是权力的出轨和越轨，所谓腐败不过是国家权力的不正当行使给国家、社会和公民权利造成危害的一种社会现象。之所以现代法治理念特别强调对国家权力的限制，是由权力自身的容易腐蚀性质所决定的。权力的容易腐蚀性在社会上具有很多的表现形式，钱权交易、钱权交换、官商勾结、损公肥私、腐化堕落都是权力腐蚀性的表现形式之一。

　　从权力的起源和性质上看，权力的自我腐蚀性主要表现在公共资源的不合理配置和强制性的不受控制上。首先，权力起源于人民的授权，是作为一种公共性的社会产品而出现的。权力公共性的一个重要体现就是权力的根本目标是维护公共利益，合理配置公共资源。但是，权力的自蚀性本性决定了，在一个法治不健全的环境中，权力在配置公共资源尤其是在利益冲突时，往往会首先考虑一己私利，而置公共利益于不顾，使得权力成为损公肥私、贪污腐化的便利工具，从而走向腐败变质。其次，权力具有超越于社会之上的独立性和强制性，赋予权力独立性和强制性的初衷是确保权力保护公共利益、维护社会秩序职能的实现。但是，权力一旦具有独立性之后，就有了自己相对独立的利益内容和价值目标。为了确保权力自身利益内容和价值目标的顺利实现，权力自身就会习惯性地排斥异己、结党营私，压制各种反对力量，打击报复持异议者，从而使得权力沦为压制人民正当利益的工具，走向异化。

　　从本质上看，权力腐败往往和权力异化结合在一起。所谓权力异化就是指权力运行背离了自己的公共利益目的，即是指权力主体不是为公共利益服务，而是运用权力谋取私人利益。当权力异化为谋取私人利益的工具时，就会表现为对公共权力的滥用、对公众利益的侵害。权力的异化和腐败既有权力自身的内在原因，也有外在环境的因素。从内因上看，权力自身的扩张性、可交换性和易蚀性，构成了权力异化和腐败的内在根源；从外因上看，权力运行环境和制约监督机制的有效与否，也是影响权力异化和腐败的重要因素。英国著名历史学家阿克顿勋爵在《自由与权力》中指出："权力导致腐败，绝对的权力导致绝对的腐败。"①法国著名哲学家孟德斯鸠在《论法的精神》中指出："一切有权力的人都爱滥用权力，这是万古不变的经验。防止权力滥用的办法，就是用权力约束权力，权力不受约束必然产生腐败。"②因此，任何权力，在缺乏有效监督的情况下，都将会不可避免地走上异化和腐败的道路。腐败的本质是权力出轨、行为越轨，许多腐败问题都与权力的配置不科学、使用不规范、监督不到位有关。制约和监督权力，最根本的就是要完善权力配置和运行制约机制。推进反腐败斗争，最根本的就是要建立健全决策权、执行权、监督权既相互制约又相互协调的权力结构，形成结构合理、配置科学、程序严密、制约有效的权力运行机制。

从历史上看，我国历来高度重视权力运行的制约和监督问题，许多党和国家领导人都对权力运行的制约和监督问题进行过深刻论述，为我们构建权力制约和监督体系、推进党风廉政建设和反腐败斗争奠定了基础，明确了方向。改革开放伊始，在反思"文革"教训的基础上，以邓小平同志为主要代表的党中央领导集体开始重视制度建设，使得国家权力的行使走上法制化、制度化、规范化的道路。邓小平同志指出："我们过去发生的各种错误，固然与某些领导人的思想、作风有关，但是组织制度、工作制度方面的问题更重要。这些方面的制

---

① [英]阿克顿：《自由与权力》，商务印书馆 2001 年版，第 342 页。

② [法]孟德斯鸠：《论法的精神》上册，商务印书馆 1982 年版，第 154 页。

度好可以使坏人无法任意横行，制度不好可以使好人无法充分做好事，甚至会走向反面。……领导制度、组织制度问题更带有根本性、全局性、稳定性和长期性。"①从此以后，通过加强制度建设来制约和监督权力的运行，确保权力的正当行使就成为我们的不二选择。在党的十六大报告中，江泽民同志强调，加强对权力的制约和监督，建立结构合理、配置科学、程序严密、制约有效的权力运行机制，从决策和执行等环节加强对权力的监督，保证把人民赋予的权力真正用来为人民谋利益。②在党的十七大报告中，胡锦涛同志指出，要完善制约和监督机制，保证人民赋予的权力始终用来为人民谋利益。确保权力正确行使，必须让权力在阳光下运行。要坚持用制度管权、管事、管人，建立健全决策权、执行权、监督权既相互制约又相互协调的权力结构和运行机制。③在2011年庆祝中国共产党成立90周年大会上，胡锦涛同志又强调，"建立健全权力运行制约和监督体系，保证党和国家机关按照法定权限和程序行使权力"。④这就进一步将权力制约和监督工作向纵深推进，侧重于从权力结构与权力运行机制方面来加强权力制约和监督工作。

在总结历史经验教训的基础上，以习近平同志为核心的党中央高度重视权力制约和监督问题，在不同的场合多次强调要健全权力运行制约和监督体系。在2012年12月4日的首都各界纪念现行宪法公布实施30周年大会上，习近平总书记指出，"要健全权力运行制约和监

---

① 《邓小平文选》（第二卷），人民出版社1994年版，第333页。
② 《江泽民文选》（第三卷），人民出版社2006年版，第557页。
③ 《胡锦涛文选》（第二卷），人民出版社2016年版，第638页。
④ 《胡锦涛文选》（第二卷），人民出版社2016年版，第537页。

督体系，有权必有责，用权受监督，失职要问责，违法要追究，保证人民赋予的权力始终用来为人民谋利益"。在 2013 年 1 月的十八届中央纪委第二次全会上，习近平总书记强调，"要加强对权力运行的制约和监督，把权力关进制度的笼子里，形成不敢腐的惩戒机制、不能腐的防范机制、不易腐的保障机制"。在 2013 年 4 月的中央政治局第五次集体学习时，习近平总书记再一次强调，"反腐倡廉的核心是制约和监督权力"。这些重要论述从不同方面揭示了树立正确的权力观、对权力进行制约和监督的重要性，表明了习近平总书记对权力制约和监督问题的高度重视。基于这种权力制约和监督理念，党的十八届三中全会高度重视权力运行的制约和监督体系建设，强调"坚持用制度管权管事管人，让人民监督权力，让权力在阳光下运行"，并进一步明确这是"把权力关进制度笼子的根本之策"。党的十八届四中全会也把权力制约与监督体系建设作为一个重点工作来抓，提出"加强党内监督、人大监督、民主监督、行政监督、司法监督、审计监督、社会监督、舆论监督制度建设，努力形成科学有效的权力运行制约和监督体系，增强监督合力和实效"。党的十八届六中全会提出，"监督是权力正确运行的根本保证，是加强和规范党内政治生活的重要举措。必须加强对领导干部的监督，党内不允许有不受制约的权力，也不允许有不受监督的特殊党员。要完善权力运行制约和监督机制，形成有权必有责、用权必担责、滥权必追责的制度安排"。党的十九大强调，"增强党自我净化能力，根本靠强化党的自我监督和群众监督。要加强对权力运行的制约和监督，让人民监督权力，让权力在阳光下运行，把权力关进制度的笼子"。党的二十大强调，"加强新时代廉洁文化建设，教育引导广大党员、干部增强不想腐的自觉，清清白白做人、干干净净做事，使严厉惩治、规范权力、教育引导紧密结合、协调联动，不断取得更多制度性成果和更大治理效能"。党的二十届三中全会强调，"完善权力配置和运行制约机制，反对特权思想和特权现象。推进执纪执法和刑事司法有机衔接"。由此可见，党的十八大以来，无论是规范各级党政主要领导干部职责权限，科学配置党政部门及内设机构权力和职能，还是推行权力清单制度，依法公开权力运行流程，都围绕权力授予、权力使用、权力制约、权力监督等环节和目标，合理确定权力归属，划清权力边界，厘清权力清单，明确什么权能用、什么权不能用，强化权力流程控制，压缩自由裁量空间，杜绝各种暗箱操作，把权力运行置于党组织和人民群众监督之下，最大限度减少权力寻租的空间。

坚持权为民所赋、权为民所用，是我党全心全意为人民服务的根本宗旨所决定的。密切联系群众还是脱离群众，是否始终与人民同呼吸、共命运、心连心，不仅是情感态度问题，更是政治品格问题。不少的违纪违法者，最终坠入违法犯罪的深渊中不能自拔，很重要的一个原因就是权力观出了错位，自以为手中有权就可以为所欲为，背离了党的根本宗旨，把人民赋予的权力当作中饱私囊、谋取私利的工具，走到了人民的对立面。剖析这些违法犯罪干部的落马原因，贪腐可谓是最主要的原因。而要想解决领导干部的贪腐问题，必须教育引导其树立正确的权力观，确保权力的正当行使。牢固树立正确的权力观，必须防止权力错位，公权私用，决不能把权力作为徇私谋利的工具。对领导干部来说，手中都掌握着一定的权力，党和人民把权力交给我们，交的是担子、是责任、是重托。作为领导干部，要真正把"官"看成为人民服务的岗位，把"权"当成为人民服务的工具，而不能把权力变成谋取私利的特殊商品。习近平总书记强调，"各级领导干部要牢固树立正确权力观，保持高尚精神追求，敬畏人民、敬畏组织、敬畏法纪，做到公正用权、依法用权、为民用权、廉洁用权，永葆共产党人拒腐蚀、永不沾的政治本色"。①领导干部有强烈的上进心是好事，积极进取、追求进步，不仅是事业发展的根本动力，也是个人成长的内在要求。但如果本末倒置，一味追求职位的提升、权力的扩大，"官老爷"思想严重、"官本位"意识作祟，就可能会引火烧身，被不断膨胀的熊熊权欲之火吞噬。作为领导干部，必须时刻保持如履薄冰、如坐针毡的掌权用权态度，以平常心对待权力升迁，以责任心干好分内工作，视名利淡如水、看事业重如山，靠素质立身、靠实绩进步，切实做到亲不越法、情不越规、爱不越德，做到抵得住诱惑，耐得住寂寞，守得住清贫，真正使权力干干净净，光明磊落地为人民服务。

明朝学者汪天锡在《官箴集要》讲："居官守职以公正为先，公则不为私所惑，正则不为邪所媚。"领导干部公正与否，主要取决于能不能正确对待和使用手中权力。倘若丧失对诱惑的警惕之心，贪欲的闸门一旦打开，思想暗处的滚滚浊流就会如滔天洪水汹涌而至，权力观一旦产生偏差，权力滥用、以权谋私、权力寻租则会如影附随，最终必定会陷入贪腐的泥沼中不能自拔，祸及自身。只有秉公用权、公道处事，把权力关进制度的笼子里，让权力在阳光下运行，才能防止权力出轨、越轨现象的发生。坚持公正用权，就要坚守"不别亲疏，不殊贵贱，一断于法"的公心，做公正用权的"掌权人"。不论什么人，不论其职务多高，只要触犯了党纪国法，都要受到严肃追责和严厉惩

---

① 习近平：《在庆祝中国共产党成立95周年大会上的讲话》，《求是》2021年第8期。

处。作为领导干部，不仅要以脚踏实地的工作态度厘清公与私、情与法、利与义的关系，也应以敢于碰硬的工作作风拍"苍蝇"、打"老虎"，以"亦余心之所善兮，虽九死其犹未悔"的刚毅守护正义，以"虽不能至，心向往之"的态度追求正义，行好公正之举，办好公平之事。

二、树牢为民造福、为党尽责的政绩观

　　为官之道，首在政绩观。政绩观是为政之德、从政之道、施政之要。干事创业，必先树牢正确政绩观。政绩为谁而树、树什么样的政绩、靠什么树政绩，不仅影响到领导干部自身健康成长，更关系到党、国家事业兴衰。政绩观是世界观、人生观和价值观在领导干部身上的具体体现，是衡量领导干部履职尽责、干事创业的一把标尺。党的二十大报告提出："完善干部考核评价体系，引导干部树立和践行正确政绩观，推动干部能上能下、能进能出，形成能者上、优者奖、庸者下、劣者汰的良好局面。"习近平总书记指出："要教育引导广大党员、干部学思想、见行动，树牢正确的权力观、政绩观、事业观，增强责任感和使命感。"领导干部要厚植为民情怀，锤炼坚强党性，树牢正确政绩观，把正从政、谋事、创业的"总开关"，扑下身子察实情、谋实招，以深化调查研究推动解决发展难题，真抓实干推动高质量发展，创造出经得起实践、人民和历史检验的实绩。

　　民之所向，政之所盼。民心是最大的政治，民生是最大的政绩。

中国共产党除了工人阶级和最广大人民群众的利益，没有自己特殊的利益。对此，共产党人必须要不忘初心、牢记使命，敢于担当、勇于负责，坚持权为民所用、情为民所系、利为民所谋，想群众之所想、急群众之所急、忧群众之所忧，切实做到发展为了人民、发展依靠人民、发展成果由人民共享，真正使全体人民在共建共享发展中有更多的获得感、幸福感、安全感。中国共产党的历史，就是为人民谋幸福、为民族谋复兴的奋斗史；中国共产党人的追求，就是让全体中国人过上更好的日子。自诞生之日起，中国共产党就把"人民"二字写在旗帜上、融入血液里。一百多年来，我们党始终紧紧依靠人民、一切为了人民，在一代又一代共产党人的接续努力下，赢得了人民的信任与支持，不断实现人民对美好生活的向往。进入新时代，为了让人民群众过上更好的日子，以习近平同志为核心的党中央坚持以人民为中心的发展思想，稳经济、促发展，战贫困、建小康，控疫情、抗大灾，应变局、化危机，不断把为人民造福事业推向前进。

政绩是党员干部尤其是领导干部从政、干事、作为，进而取得实实在在业绩的直接体现，政绩观是党员干部世界观、人生观、价值观和权力观、地位观、利益观、事业观等在干事创业中的体现。政绩观正确与否，反映出领导干部政治上是否成熟，对事业发展和个人成长至关重要。政绩观正确与否，不仅影响到干部个人的健康成长，更关系到党和人民事业发展。为官一任，造福一方。领导干部都在意"政绩"二字。但怎么认识政绩的内涵和要求，决定了为官从政者的眼界和追求。政绩观是一面镜子，从中可以看出领导干部的党性修养、政治立场、境界格局。政绩观端正不端正、正确不正确，在相当程度上决定了我们事业的成败。

为政之道，以顺民心为本，以厚民生为要。对领导干部来说，为官一任，造福一方，为民造福是最重要的政绩。作为党的干部尤其是领导干部，永葆党的政治本色，厚植为民情怀，多为群众谋福祉，多为民生作贡献，才能让自己的政绩经得起历史检验，赢得广大群众的衷心拥护。要时刻摆正自身位置，自觉站在群众的立场、群众的角度，把百姓"小事"作为干部的大事来办、把百姓"难事"作为干部的急事来抓、把百姓"愁事"作为干部的心头事来解决。要主动走出办公室，大兴调查研究之风，放下架子、俯下身子、迈开步子，面对面倾听群众呼声，心贴心倾听群众建议，在亲身察看民情中贴近民心，在亲身体验民生中增进感情，真正走进群众心里，赢得群众的尊重、支持和信任。要全面客观评判民生政绩，多到现场看、多见具体事、多听群众说，把群众的"好差评"作为干部的"正衣镜"、政绩的"度量衡"、作风的"检测仪"，在坚持人民至上理念、践行党的根本宗旨中树立正确的政绩观。

坚强的党性、优良的党风、严明的党纪，是中国共产党区别于其他政党的鲜明特征和显著标志，也是我们党取得革命、建设、改革胜利的优良传统和政治优势。我们党之所以历经坎坷而巍然屹立、千锤百炼而愈加坚强、栉风沐雨而更加强大，团结带领中国人民夺取了一个又一个伟大胜利，最终成为世界第一大执政党，关键在于重视党的建设问题特别是党性党风党纪建设问题，习近平总书记指出，"树立和践行正确政绩观，起决定性作用的是党性"。[①] 有坚强的党性才有正

---

①　《习近平在中央党校（国家行政学院）中青年干部培训班开班式上发表重要讲话强调筑牢理想信念根基树立践行正确政绩观　在新时代新征程上留下无悔的奋斗足迹》，《人民日报》2022 年 03 月 02 日。

确的政绩观，错位的政绩观，说到底是认识上出现了偏差，根子在于背离了党性、丢掉了宗旨、抛弃了信念。只有党性坚强，摒弃私心杂念，才能保证政绩观不出偏差；只有把人生理想融入党和人民事业之中，把为人民幸福而奋斗作为自己最大的幸福，才能拥有高尚的、充实的人生。

为政之道，修身为本。树立和践行正确政绩观，必须紧紧抓住党建引领、党性保证这个根本。党的十八大以来，习近平总书记多次指出，党委（党组）必须"把抓好党建作为最大的政绩"，党委（党组）和党委（党组）书记抓好党建是本职，不抓党建是失职，抓不好党建就是不称职，党建出问题是渎职，反复告诫领导干部"要立志做大事，不要立志做大官，保持平和心态，看淡个人进退得失，心无旁骛努力工作，为党和人民做事"，强调"要牢记清廉是福、贪欲是祸的道理，树立正确的权力观、地位观、利益观，任何时候都要稳得住心神、管得住行为、守得住清白"，强调"从当前干部队伍实际看，坚持实事求是最需要解决的是党性问题。干部是不是实事求是可以从很多方面来看，最根本的要看是不是讲真话、讲实话，是不是干实事、求实效"。① 党性是领导干部立身、立业、立言、立德的基石，必须在严格的党内生活锻炼中不断增强。领导干部的党性修养、道德水平，不会随着党龄工龄的增长而自然提高，也不会随着职务的升迁而自然提高，必须强化自我修炼、自我约束、自我改造。党的十八大以来，以习近平同志为核心的党中央先后部署开展了党的群众路线教育实践活动、"三严三实"专题教育、"两学一做"学习教育、"不忘初心、牢

---

① 张毅、刘维涛、张洋：《总书记这样教育引导党员干部树牢正确政绩观》，《人民日报》2023 年 05 月 16 日。

记使命"主题教育、党史学习教育、学习贯彻习近平新时代中国特色社会主义思想主题教育、党纪学习教育、中央八项规定精神学习教育。每一次党内集中学习教育，都是一次思想的淬炼、精神的洗礼、党性的升华，教育引导广大党员干部进一步筑牢信仰之基、补足精神之钙、把稳思想之舵，不断增强拥护"两个确立"、增强"四个意识"、坚定"四个自信"、做到"两个维护"的思想自觉和行动自觉。

政治上的坚定、党性上的纯粹都离不开理论上的清醒。树牢正确政绩观，必须深入学习党的理论创新成果，运用党的科学理论优化思想方法、解决思想困惑、检视自身思想作风和精神状态，以正确权力观、政绩观、事业观指导实践、推动工作。譬如，在理论学习上，要把习近平总书记关于树立正确政绩观、贯彻新发展理念和推动高质量发展的重要论述作为重点学习内容，深学细照笃行；在调查研究上，要深度调研搞"半拉子工程""形象工程""面子工程"等典型事例，解剖麻雀，查找问题，立行立改；在推动发展上，要把树立正确政绩观、按客观规律办事、一张蓝图绘到底等作为重要原则，采取有效措施防范化解风险，推动高质量发展；在建章立制上，要把树立正确政绩观作为党性分析和专题民主生活会查摆问题、推进整改的重要内容，适时开展专项整治并在建章立制上下功夫，堵塞漏洞、筑牢堤坝。① 在新的伟大征程上，只要我们坚持不懈用习近平新时代中国特色社会主义思想凝心铸魂，牢固树立和践行正确政绩观，把对党忠诚、为党分忧、为党尽职、为民造福作为根本政治担当，就一定能创造无愧于党、无愧于人民、无愧于时代的业绩！

---

① 张毅、刘维涛、张洋：《总书记这样教育引导党员干部树牢正确政绩观》，《人民日报》2023 年 05 月 16 日。

党政军民学，东西南北中，党是领导一切的。在新的历史起点上，我们要夺取具有许多新的历史特点的伟大斗争的新胜利，更加需要党在一切领域、一切方面的坚强领导，更加需要1亿多名党员、520多万个党组织更好地发挥先锋模范、坚强堡垒作用。首先要发挥"关键少数"的头雁效应。各级党组织主要负责同志是"关键少数"中的"关键少数"，一言一行是一个地方或单位的风向标。要坚持以领导干部的率先垂范来引领作风转变，以身作则、身先士卒，勇于挑最重的担子，敢于啃最硬的骨头，坚决防止口号喊得震天响、行动起来轻飘飘。要带头讲政治、谋发展、抓落实，一级带着一级干、一级做给一级看，不搞虚的、不弄假的、不做空的，吃透上级精神、找准症结所在，凝心聚力促发展、全力以赴抓落实。其次要突出"战斗堡垒"的引领作用。党的基层组织是党的全部工作和战斗力的基础。要围绕"建一流班子、带一流队伍、创一流成绩、树一流形象"的目标，加强领导班子建设，强化干部教育培训，切实增强各级党组织的创造力、凝聚力和战斗力。要充分发挥基层党组织的战斗堡垒作用和党员的先锋模范作用，让党旗在各条战线高高飘扬，为全面建设社会主义现代化国家奠定坚实组织基础；要营造"求真务实"的新风正气。形式主义、官僚主义是我们党坚决反对的不正之风，也是人民群众深恶痛绝、反映最为强烈的问题。形式主义背后是功利主义、实用主义作祟，政绩观错位、责任心缺失。官僚主义背后是官本位思想，严重脱离实际、脱离群众。要把力戒形式主义、官僚主义摆在突出位置来抓，教育引导党员干部牢记党的宗旨，坚持实事求是的思想路线，真抓实干，转变作风。要大力弘扬直面矛盾、较真碰硬、善作善成的斗争精神，敢于对各种歪风邪气批评制止、亮剑出击，决不当老好人、和事佬和太平官，让形式主义、官僚主义无处遁形，用初心使命统一思想、用过硬作风狠抓落实，推动各项事业不断开创新的局面。

三、树牢为民执政、担当作为的事业观

事业观是指对事业方向和事业道路的根本看法，决定着人们追求什么样的事业目标、采取什么样的干事态度、秉持什么样的做事精神和淬炼什么样的素质本领。习近平总书记指出："党的一切工作都是为老百姓利益着想，让老百姓幸福就是党的事业"。对领导干部而言，是否树立了正确的事业观，决定着他们在工作中的价值追求和精神状态。树立正确的事业观，就要坚持党的事业第一、人民利益第一、工作需要第一，把为民服务、干事创业作为自己的价值追求，不慕虚荣、不务虚功、不图虚名，知责于心、担责于身、履责于行，切实以真负责、勇担当、敢斗争的精神，打开工作新局面、开辟事业新天地、谱写未来新篇章。

作为人们对事业的根本看法和对待工作的根本态度，事业观是人生观的重要组成部分，回答的是"干什么样的事业、怎样干事业"一系列问题，决定着人们采取什么样的事业态度、遵循什么样的事业精神、追求什么样的事业目标。领导干部所从事的工作是党和人民事业的重要组成部分，一个领导干部有什么样的事业观，往往决定着一个地方、一个单位的发展走向，也决定着领导干部自身的发展方向。领导干部只有树立正确的事业观，把勤奋的精神、实干的劲头、开拓的勇气、自省的作风、有为的追求贯穿于事业发展和日常工作之中，不断增强大局意识、责任意识、忧患意识、使命意识和荣辱意识，才能始终保持清醒的政治头脑和坚定的政治方向，体现一个领导干部应有的正确事业观。我们党的最高理想和最终目标是实现共产主义，党的初心使命是为中国人民谋幸福、为中华民族谋复兴。这就决定了领导干部的事业观就是为人民利益不懈奋斗、为中国特色社会主义伟大事业不懈奋斗。

心无百姓莫为官，心无人民莫从政。领导干部要赢得群众的信任，必须端正权力观，树牢事业观，将群众反映的柴米油盐、鸡毛蒜皮的小事当成大事来对待。孔子在《易经·系辞上》中说："化而裁之谓之变，推而行之谓之通，举而措之天下之民，谓之事业。"意思是说，用自己的一点点的力量，为天下人民谋福利的，才是事业。中国共产党就是为人民服务的，就是为老百姓办事的。毛泽东同志说，我们共产党人不是要做官，而是要革命。邓小平同志当年复出时说，我这次出来工作，不是为做官，是为了做事。习近平总书记强调，"要立志做大事，不要立志做大官，保持平和心态，看淡个人进退得失，心无旁骛努力工作，为党和人民做事"。① 如何正确看待自己的工作，实质上是个人价值观、事业观的问题。因此，马克思主义事业观，就是不论从事何种职业，都要忠于党的事业，在任何情况下都不忘记党员干

---

① 《习近平在中央党校（国家行政学院）中青年干部培训班开班式上发表重要讲话强调 在常学常新中加强理论修养 在知行合一中主动担当作为》，《人民日报》2019 年 03 月 02 日。

部的身份，始终站在党和人民的角度看待事业，从党的利益出发对待工作，以共产党员的标准严格要求自己，以强烈的事业心和责任心，以敬业、勤业、创业、精业的精神，立足本职为人民谋利益、为社会作贡献和为国家而献身。

纵观中国共产党的百年发展史，其实就是一部践行党的初心使命的历史，与人民心连心、同呼吸、共命运的历史。我们党是在人民群众中成长和发展起来的，从诞生之日起就始终心中装着百姓，怀着一颗为人民求解放、谋幸福的初心，这是我们党不断从胜利走向胜利的成功奥秘，更是掌握历史主动、赢得光明未来的根本所在。习近平总书记在庆祝中国共产党成立 100 周年大会上指出，"中国共产党根基在人民、血脉在人民、力量在人民。中国共产党始终代表最广大人民根本利益，与人民休戚与共、生死相依，没有任何自己特殊的利益，从来不代表任何利益集团、任何权势团体、任何特权阶层的利益"。①一百多年来，中国共产党始终牢记初心使命，践行理念宗旨，进行土地革命，打土豪、分田地，为人民图生存；引领抗日战争，把日寇赶出中国，为人民争自由；推翻国民党反动派，建立新中国，让人民得解放；开展社会主义革命和建设，改变一穷二白的国家面貌，为人民求发展；实行改革开放、推进社会主义现代化建设，为人民谋幸福。人民群众是党的执政根基和力量源泉，人心向背关系党的生死存亡。只要赢得人民信任，我们党就能够克服任何险阻，一往而无前；只要得到人民支持，我们党就能够战胜任何困难，无往而不胜。人民对美好生活的向往，就是我们的奋斗目标。只要我们党矢志不渝坚持以人

①　习近平：《在庆祝中国共产党成立100周年大会上的讲话》，《求是》2021 年第 14 期。

民为中心的发展思想，始终牢记"我是谁、为了谁、依靠谁"的问题，更好倾听民声、尊重民意、顺应民心，采取更多惠民生、暖民心举措，用心用情用力解决好人民群众关心的急难愁盼问题，一件一件抓落实，一年接着一年干，让发展成果更多更公平惠及全体人民，我们就一定能谱写全面建设社会主义现代化国家崭新篇章。

不忘初心，方得始终。初心易得，始终难守。党员干部要把党的初心、党的使命铭刻于心，把人民放在心中最高位置，任何时候都不能忘记为了谁、依靠谁、我是谁。我们党的根本宗旨是全心全意为人民服务，密切联系群众是我们党的优良传统，是党执政的最大优势。中国共产党从嘉兴南湖那一艘承载着"立党为公、忠诚为民"的红船扬帆启航，一路披荆斩棘、筚路维艰，前仆后继、上下求索，探寻国家富强的中国道路和发展方式，始终奔着解放人民、实现民族独立而奋争，始终奔着为人民创造美好生活、实现共同富裕而奋斗。对于共产党人的这一根本宗旨与价值追求，毛泽东同志指出，"为什么人的问题，是一个根本的问题，原则的问题""我们这个队伍完全是为着解放人民的，是彻底为人民的利益工作的""共产党就是要奋斗，就是要全心全意为人民服务，不要半心半意或者三分之二的心三分之二的意为人民服务"。① 无论是战争年代的同仇敌忾，还是和平时期的勠力同心，党与人民风雨同舟、生死与共，始终保持血肉联系。我们党正是因为紧紧依靠人民，才从小到大、从弱到强，跨过了一道又一道沟坎，取得了一个又一个胜利，用几十年时间就走完发达国家几百年走过的发展历程，成为中国人民的主心骨、中华民族的擎天柱。实现

---

① 《毛泽东文集》（第七卷），人民出版社1999年版，第285页。

了从站起来、富起来到强起来的历史性飞跃。

民心向背决定生死存亡。民心是可以争取的，群众是可以赢得的，只要我们每一名领导干部始终涵养"衙斋卧听萧萧竹，疑是民间疾苦声"的为民情怀，带着自己的真心真意、真诚真情去做群众工作，就一定能赢得群众的信任和支持。做官先做人，做人先立德；德乃官之本，为官先修德。孔子说："为政以德，譬如北辰，居其所而众星共之。"还说："道之以政，齐之以刑，民免而无耻。道之以德，齐之以礼，有耻且格。"子思说："明君之政，尊贤以崇德，举善以劝民，四封之内，孰敢不化？"桓范说："夫治国之本有二：刑也，德也。二者相须而行，相待而成矣。"范仲淹说："以德服人，天下欣戴；以力服人，天下怨望。"王安石讲，"修其心治其身，而后可以为政于天下"。朱熹说："为政以德，一似灯相似，油多便灯自明。"2018 年的全国两会，习近平总书记在参加重庆代表团审议时强调，"领导干部要讲政德。政德是整个社会道德建设的风向标。立政德，就要明大德、守公德、严私德"。明大德就是要铸牢理想信念，锤炼坚强党性；守公德，就是要全心全意为人民服务，恪守立党为公、执政为民的理念；严私德，就是要严格约束自己的操守和行为，廉洁自律，严以用权。广大党员干部要增强政德修养，强化宗旨意识，自觉把维护人民利益放在第一位，真诚倾听群众呼声，真实反映群众愿望，真情关心群众疾苦，始终做到同人民群众心连心。习近平总书记多次讲过，"当县委书记一定要跑遍所有的村，当地（市）委书记一定要跑遍所有的乡镇，当省委书记一定要跑遍所有的县市区"。担任中共中央总书记后，习近平总书记几乎走遍了全国最贫困的地区，脚步从未停歇。树立正确的事业观，要"身"入群众，真正缩短与群众的距离，拜人民为师、向人民学习，放下架子、扑下身子，接地气、通下情，深入开展调查研究，解剖麻雀，发现典型，真正把群众面临的问题发现出来，把群众的意见反映上来，把群众创造的经验总结出来；要"情"入群众，坚持走群众路线，深入基层一线，真心实意同群众交朋友，生活上与群众走近，感情上与群众拉近，作风上与群众靠近，倾听民声、了解民意、体察民情、纾解民怨、排解民忧，把群众当成家人，把群众的事当成家事，带着真心办实事，带着感情谋民利；要"心"入群众，怀着强烈的爱民、忧民、为民、惠民之心，心里始终装着群众，想问题、作决策、办事情都要想一想是不是站在人民的立场上，是不是有助于解决群众的难题，是不是有利于增进人民福祉，不断增强人民群众获得感、幸福感、安全感。

群众利益无小事，民生问题大于天。凡是关系群众切身利益的事，再小也是大事。"不拿群众一针一线""讲话要和气""买卖要公平"等虽是小事，却赢得了人心、打赢了战争、取得了革命胜利。小事连着民心，折射着党心，事关信心、同心。带领人民创造美好生活，是我们党始终不渝的奋斗目标。领导干部必须牢固树立正确的事业观，始终把人民利益摆在至高无上的地位，把人民群众的小事当作自己的大事，从人民群众关心的事情做起，从让人民群众满意的事情做起，带领人民不断创造美好生活。要抓住人民最关心最直接最现实的利益问题，既尽力而为，又量力而行，一件事情接着一件事情办，一年接着一年干，不断满足人民日益增长的美好生活需要，不断促进社会公平正义，形成有效的社会治理、良好的社会秩序，使人民获得感、幸福感、安全感更加充实、更有保障、更可持续。只要我们始终坚持人民至上、紧紧依靠人民、不断造福人民、牢牢植根人民，始终保持党同人民群众的血肉联系，始终同人民想在一起、干在一起，风雨同舟、同甘共苦，那么我们这个风华正茂的百年大党，就一定能团结带领亿万人民创造新的时代辉煌、铸就新的历史伟业。

作为人们对事业目的和意义的根本看法和系统性观点，事业观主要是回答"干什么样的事业、怎样干事业"这两个突出问题。"干什么样的事业"要求我们要树立为民执政的事业观，始终把人民利益放在第一位，把实现好、维护好、发展好最广大人民根本利益作为一切工作的出发点和落脚点，把老百姓的安危冷暖放在心上，把人民群众对美好生活的向往作为奋斗目标，把为党和人民做事作为最根本的职责。"怎样干事业"要求我们要践行勤政务实的事业观，始终坚持以人民为中心的发展思想，坚持发展为了人民、发展依靠人民、发展成果由人民共享，想群众之所想，急群众之所急，做到民有所呼、我有所应，民有所盼、我有行动，让人民群众获得感、幸福感、安全感更加充实、更有保障、更可持续。古人云："勤于行则事治，勤于思则理得，勤于政事方能政通人和，取信于民。"树立和践行正确的事业观，就要深入群众、深入实际、深入基层，不慕虚荣、不务虚功、不图虚名，在任何时候都把群众利益放在第一位，在想问题、办事情、做决策时，都应重实际、说实话、办实事、求实效，一切从客观实际出发、从长远发展出发、从人民利益出发，勤勉敬业，真抓实干。

一分部署，九分落实。树立和践行正确的事业观，要求领导干部不仅要有担当的宽肩膀，更要有成事的真本领。应当看到，面对新时代新征程、新使命新要求，面对互联网、云计算、大数据、人工智能等科技革命日益发展的大趋势，我们有很多领导干部思想观念不新、视野眼界不宽、知识储备不足，不懂、不会、不善于推动高质量发展的问题比较突出。面对新形势新问题新任务，新办法不会用、旧办法不管用，硬办法不敢用，软办法不顶用，在改革攻坚上迟迟打不开局面，在创新驱动上缺少务实招法，自然在事业发展上也无法取得新突破。"没有金刚钻，干不了瓷器活。"领导干部一定要有强烈的本领恐慌，坚持学习学习再学习、实践实践再实践，干什么学什么、缺什么补什么，真正具备想为、敢为、勤为、善为的专业素养，不断提高驾驭工作的过硬本领，不断开创党和国家事业发展新局面。

树立和践行正确的事业观，需要涵养求真之风，弘扬务实之风，擦亮担当底色，抓好调查研究，在察实情、出实招、求实效上下功夫，把工作抓实、基础打实、步子迈实，迎难而上挑重担、撸起袖子加油干，确保工作的每一步都能以"干"当头、以"实"铺底。从整体来看，我们当前的干部队伍还是比较好的，但一些领导干部与新形势新任务新要求还不相适应，在大干实干抓落实上还有较大差距，往往调门高行动少、表态好落实差，凡事只点头顺着来，消极被动，毫无主观能动性，遇到矛盾绕道走、面对困难不担当，推卸责任、推诿扯皮。要做到"实"，就要避免"虚"。一切工作都要往实里做、做出实效，不好高骛远、不脱离实际，力戒形式主义、官僚主义。

第十讲

时刻保持解决大党独有难题的清醒和坚定

• • • • • •

解决好大党独有难题，关系党的生死存亡、关系党的兴衰成败，是党在新时代新征程上必须回答好、解决好的问题。党的二十大报告指出，我们党作为世界上最大的马克思主义执政党，要始终赢得人民拥护、巩固长期执政地位，必须时刻保持解决大党独有难题的清醒和坚定。在2023年初的二十届中央纪委二次全会上，习近平总书记用"六个如何始终"对大党独有难题作出深刻阐释，强调解决这些难题是实现新时代新征程党的使命任务必须迈过的一道坎，是一个长期而艰巨的过程，是全面从严治党适应新形势新要求必须啃下的硬骨头。坚持制度治党、依规治党，是习近平总书记关于党的建设的重要思想的重要内容，事关党长期执政和国家长治久安，事关事业兴旺发达和人民幸福安康，是破解大党独有难题的根本之道。党的十八大以来，我们党不断推进党的建设理论创新、实践创新、制度创新，坚持制度治党、依规治党，引领和推动党内法规制度建设取得历史性成就，为新时代党的建设提供了根本性、全局性、稳定性、长期性保障。党的二十大报告就坚定不移全面从严治党、深入推进新时代党的建设新的伟大工程作出系统部署。坚持制度治党、依规治党，就是要把制度建设贯穿新时代党的建设各方面，为推进党的自我革命提供制度保障，以伟大自我革命破解大党独有难题。

一、以解决大党独有难题为主攻方向

　　办好中国的事情，关键在党，关键在党要管党、全面从严治党。作为世界上最大的执政党，中国共产党在一个有着 14 亿人口的大国长期执政。截至 2024 年 12 月 31 日，中国共产党党员总数为 10027.1 万名，比 2023 年底净增 108.6 万名，增幅为 1.1%。中国共产党现有基层组织 525.0 万个，比 2023 年底净增 7.4 万个，增幅为 1.4%。其中，基层党委 30.6 万个，总支部 33.0 万个，支部 461.4 万个。大党大国是我们的国情，也是我们的优势，但在看到大党优势的同时也要清醒认识到大也有大的难处。特别是随着党员队伍的继续发展壮大，基层党组织政治功能和组织功能的不断增强，在给党的集中统一领导带来巨大政治优势的同时，也带来了管党治党方面的难题和挑战。党的二十大报告专门提出，我们党作为世界上最大的马克思主义执政党，要始终赢得人民拥护、巩固长期执政地位，必须时刻保持解决大党独有难题的清醒和坚定。

　　从长期执政条件下对"大有大的难处"的大党建设规律的直观体

验，到新时代全面从严治党环境下解决"大党独有难题"的清醒和坚定，中国共产党始终坚定不移推进全面从严治党，持之以恒以党的自我革命引领社会革命，时刻以党的自我革命精神来正视和解决自身存在的问题，不断探寻跳出治乱兴衰历史周期率、确保党永远不变质不变色不变味的根本之途。继在党的二十大报告中首次提出"大党独有难题"这一重大命题之后，2023 年 1 月，习近平总书记在二十届中央纪委二次全会上进一步用"六个如何始终"概括了"大党独有难题"的内涵，即"如何始终不忘初心、牢记使命，如何始终统一思想、统一意志、统一行动，如何始终具备强大的执政能力和领导水平，如何始终保持干事创业精神状态，如何始终能够及时发现和解决自身存在的问题，如何始终保持风清气正的政治生态"。2024 年 1 月，习近平总书记在二十届中央纪委三次全会上提出，在深入推进党的自我革命实践中需要把握好九个问题，即：以坚持党中央集中统一领导为根本保证，以引领伟大社会革命为根本目的，以新时代中国特色社会主义思想为根本遵循，以跳出历史周期率为战略目标，以解决大党独有难题为主攻方向，以健全全面从严治党体系为有效途径，以锻造坚强组织、建设过硬队伍为重要着力点，以正风肃纪反腐为重要抓手，以自我监督和人民监督相结合为强大动力。其中，明确将"以解决大党独有难题为主攻方向"列入了在深入推进党的自我革命实践中需要把握好的九个问题之中，构成了习近平总书记关于党的自我革命的重要思想的重要组成部分。2025 年 1 月，习近平总书记在二十届中央纪委四次全会上指出，2024 年，党中央坚持以党的自我革命引领社会革命，一以贯之推进全面从严治党，取得新的进展和成效。全党在自我革命这一重大问题上认识更加清醒、行动更加坚定。习近平总书记强调，腐败是我们党面临的最大威胁，反腐败是最彻底的自我革命。纪检监察机关是推进党的自我革命的重要力量，要深化制度治党、依规治党，进一步提高党领导反腐败斗争、推进全面从严治党的能力，坚持用改革精神和严的标准管党治党，确保党始终成为中国特色社会主义事业的坚强领导核心，推动中国式现代化行稳致远。

习近平总书记关于解决大党独有难题的重要论述，系统回答了在新形势下建设什么样的长期执政的马克思主义政党、怎样建设长期执政的马克思主义政党的重大时代课题，充分体现了我们党的高度政治自觉、深沉忧患意识和强烈使命担当，充分彰显了新时代中国共产党人管党治党、执政兴国的战略定力、政治清醒和执着追求，具有很强的政治性、指导性、针对性，为我们党在新征程上保持"三个务必"、牢记"两个永远在路上"提供了目标遵循。特别是习近平总书记将大党独有难题集中概括为"六个如何始终"，明确了解决大党独有难题的丰富内涵，总结了新形势下全面从严治党的新问题新进展新成效，为我们如何破解时代之问、保持历史清醒提供了路径抓手，充分表明我们党在坚持党要管党、全面从严治党方面的清醒和坚定，彰显了我们党勇于推进自我革命、把党的伟大自我革命进行到底的信心和决心。

二、解决大党独有难题的制度路径

治国必先治党，治党务必从严，从严必依法度。党内法规既是管党治党的重要依据，也是建设社会主义法治国家的有力保障。中国共产党全面领导、长期执政，必须坚持依法治国、依法执政、依法行政共同推进，法治国家、法治政府、法治社会一体建设，确保党既依据宪法法律治国理政，又依据党内法规管党治党。

制度带有根本性、全局性、稳定性和长期性，坚持制度治党、依规治党是我们党完善国家治理体系、提升治理水平、推进治理能力现代化的基本方式，也是我们党在长期执政条件下实现党的全面领导、保障国家长治久安、维护人民根本利益的基本途径。党的十八大以来，我们党坚持制度治党、依规治党，把党的制度建设摆到更加突出的位置，与时俱进深化党的建设制度改革，不断把管党治党创新成果转化为法规制度，为推进全面从严治党向纵深发展提供了坚强制度保障，也为解决大党独有难题提供了长远之策和根本之策。全面建设社会主义现代化国家、全面推进中华民族伟大复兴，关键在党。而要发挥好党总揽全局、协调各方的坚强领导核心作用，确保全党统一意志、统一行动、步调一致向前进，就必须依靠制度，将制度治党、依规治党作为管党治党的基本方式。坚持制度治党、依规治党，是习近平总书记关于党的建设的重要思想的鲜明特色和重要内容，是习近平总书记着眼党长期执政和国家长治久安提出的重大战略思想，是关系党和国家事业兴旺发达、国家长治久安、人民幸福安康的重大问题。

因此，坚持制度治党、依规治党，加强党的制度建设，不是单独作为一个党建领域而存在的，它实质上是和深入推进新时代党的建设新的伟大工程紧密相关的一种管党治党方式，贯穿于党的政治建设、思想建设、组织建设、作风建设、纪律建设的各环节各方面，并以科学合理的制度体系保障党的政治建设、思想建设、组织建设、作风建设、纪律建设的一体推进和统筹落实。坚持把制度建设贯穿于党的建设始终，不仅构成了新时代党的建设的基本原则和鲜明特征，还构成了新时代全面从严治党的逻辑主线和实践主题，同时还构成了解决大党独有难题的制度路径和根本之策。

三、解决大党独有难题的实践要求

新时代新征程带来新使命新任务，必须有新气象新作为。在新的历史起点上，我们必须胸怀"国之大者"、心系"党之大者"，紧盯"六个如何始终"目标不放，以坚持制度治党、依规治党为基本抓手，以解决大党独有难题为主攻方向，以健全全面从严治党体系为有效途径，以"两个永远在路上"的坚定与执着，从制度上探寻解决大党独有难题的根本之道。

（一）建立不忘初心、牢记使命的制度，着力解决"如何始终不忘初心、牢记使命"难题

中国共产党的初心和使命是由党的性质和党的指导思想决定的，是党的性质宗旨、理想信念、奋斗目标的集中体现，是党的创新理论和党的先进性和纯洁性的本质呈现，是激励中国共产党人奋勇前行、不断前进的根本动力。建立健全不忘初心、牢记使命的制度，就要把

坚持制度治党、依规治党贯穿守初心、担使命全过程，加强制度建设、形成长效机制，把不忘初心、牢记使命作为加强党的建设的永恒课题和全体党员干部的终身课题，确保全党遵守党章党规党纪，恪守党的性质任务宗旨，坚持人民至上，树牢群众观点，贯彻群众路线，践行以人民为中心的发展思想，永葆党的先进性和纯洁性、永葆党的生机活力。切实保障全党将守初心、担使命的坚定信念，转化为自觉的行动。

（二）健全用党的创新理论武装全党、教育人民工作体系，着力解决"如何始终统一思想、统一意志、统一行动"难题

注重思想建党是我们党的鲜明特色和光荣传统，强化制度治党是全面从严治党的重要保障。坚持思想建党与制度治党相统一，就要坚持马克思主义在意识形态领域指导地位的根本制度，坚持用共产主义远大理想和中国特色社会主义共同理想凝聚全党、团结人民，坚持用习近平新时代中国特色社会主义思想武装全党、教育人民，坚持不懈把用党的创新理论凝心铸魂作为首要政治任务，不断巩固全体人民团结奋斗的共同思想基础，汇聚起攻坚克难、团结奋进的强大精神力量。大党治理之难，首在思想上的统一。只有以思想上的统一、意志上的统一才能确保全党政治上的团结、行动上的一致，我们要全面贯彻落实习近平新时代中国特色社会主义思想，坚定拥护"两个确立"、牢固树立"四个意识"、始终坚定"四个自信"、坚决做到"两个维护"，自觉在思想上政治上行动上同以习近平同志为核心的党中央保持高度

一致，确保全党上下心往一处想、劲往一处使，团结成"一块坚硬的钢铁"。

（三）健全提高党的执政能力和领导水平制度，着力解决"如何始终具备强大的执政能力和领导水平"难题

全面建设社会主义现代化国家、全面推进中华民族伟大复兴，关键在党。中国共产党是中国式现代化事业的领导核心，坚持和完善党的领导制度体系，必须改进党的领导方式和执政方式，提高党把方向、谋大局、定政策、促改革的能力，提高党科学执政、民主执政、依法执政水平，增强各级党组织政治功能和组织力。党员干部作为党的事业的骨干，必须有新担当新作为，要完善担当作为的激励机制，不断锤炼各级党组织和领导干部的素质能力，全面增强各级领导干部执政本领特别是推动高质量发展本领、服务群众本领、防范化解风险本领，努力打造政治过硬、本领高强的执政队伍。

（四）健全全面从严治党体系，着力解决"如何始终保持干事创业精神状态"难题

党中央推进全面从严治党，"严"是主基调，必须坚持严字当头、全面从严、一严到底，从严从实强化监督执纪问责，通过明方向、立规矩、正风气、强免疫，推动形成风清气正政治生态，健全全面从严治党体系，用严明的纪律规矩管全党、治全党。全面从严治党的主要抓手是"六个从严"，即抓思想从严、抓管党从严、抓执纪从严、抓

治吏从严、抓作风从严、抓反腐从严。这"六个从严"各有侧重、相互补充，共同构成了全面从严治党体系的丰富内涵和实践要求。在坚持严的主基调不动摇的同时，我们要坚持严管和厚爱结合、激励和约束并重，坚持"三个区分开来"，更好激发广大党员干部的积极性、主动性、创造性，切实做到信念坚定、真抓实干，立党为公、执政为民，以永不懈怠的精神状态和一往无前的奋斗姿态，为强国建设、民族复兴凝聚强大精神力量。

（五）坚持和完善党和国家监督体系，着力解决"如何始终能够及时发现和解决自身存在的问题"难题

习近平总书记指出，"权力是需要监督的，没有监督的权力就会异化，绝对权力导致绝对腐败"。作为一个百年大党，自身存在问题并不可怕，怕的是不能及时发现自身存在的问题，怕的是不敢正视和解决自身存在的问题。如何在长期执政条件下，及时发现和解决自身存在的问题，有效实现党的自我净化、自我完善、自我革新、自我提高，不断清除一切损害党的先进性和纯洁性的因素，不断清除一切侵蚀党的健康肌体的病毒，永葆党的先进性和纯洁性是破解大党独有难题的一个关键环节。健全党统一领导、全面覆盖、权威高效的监督体系的目的，就是通过制度的方式来规范制约权力运行，健全为人民执政、靠人民执政各项制度，完善权力监督制约机制，增强监督合力，形成决策科学、执行坚决、监督有力的权力运行机制，形成坚持真理、修正错误，发现问题、纠正偏差的机制，确保党和人民赋予的权力始终用来为党工作、为人民谋利益。

（六）完善党的自我革命制度规范体系，着力解决"如何始终保持风清气正的政治生态"难题

自我监督是世界性难题，特别是我们党作为长期执政的马克思主义政党，如何推进自我革命、破解自我监督难题是我们党一百多年来一直想着力解决的突出问题。在百余年执政兴国的伟大实践中，我们党居安思危、常备不懈，给出了破解治乱兴衰历史周期率的两个答案，那就是人民监督和自我革命，构成了指导党和国家监督体系建设的指导思想和根本遵循。破解自我监督难题，以党的自我革命引领社会革命，必须完善全面从严治党制度，坚持问题导向，勇于刀刃向内，敢于刮骨疗毒，坚持以党的自我革命重塑风清气正的政治生态，以严的基调强化正风肃纪反腐，构建一体推进不敢腐、不能腐、不想腐体制机制。

后　记

　　不正之风和腐败问题互为表里、同根同源，由风及腐、风腐一体是现阶段党风廉政建设和反腐败斗争要着力解决的突出问题。风腐同查同治，既是破解作风顽疾的重要手段，也是铲除腐败滋生土壤和条件的必要措施。2025 年 1 月 6 日，习近平总书记在中国共产党第二十届中央纪律检查委员会第四次全体会议上发表重要讲话指出，要深入推进风腐同查同治，坚持正风肃纪反腐相贯通，以"同查"严惩风腐交织问题，以"同治"铲除风腐共性根源。2025 年 1 月 8 日，为贯彻落实习近平总书记重要讲话精神，二十届中央纪委四次全会专门对"深入推进风腐同查同治"要求作出部署，强调要健全不正之风和腐败问题同查同治机制，以"查""治"贯通阻断风腐演变，着力推动正风反腐一体深化。

　　不正之风和腐败问题互为表里、同根同源，由风及腐、风腐一体是现阶段党风廉政建设和反腐败斗争要着力解决的突出问题。坚持风腐同查同治，既是破解作风顽疾的重要手段，也是铲除腐败滋生土壤和条件的必要措施。本书以习近平新时代中国特色社会主义思想为指导，贯彻落实习近平总书记关于风腐同查同治的重要论述和二十届中央纪委四中全会相关重要部署，对党的作风建设和反腐败斗争的意义作用进行了简要分析，对不正之风和腐败问题互为表里、同根同源的相互关系进行了详细论述，对一体推进整饬作风、惩治腐败的实践要求进行了梳理研究，对由风查腐、由腐纠风的实施路径进行了探索分析，对广大党员干部和读者了解把握党中央关于深入推进风腐同查同治的背景意义、内容要求、任务目标、路径方法等，具有一定的帮助参考作用。

本书是 2022 年度国家社科基金重大项目《干部忠诚干净担当的评价指标体系构建与应用研究》（项目编号：22&ZD031）的重要阶段性成果。在编写过程中参考了专家学者的观点和论述，限于本书体例没有一一列出，在此表示致歉和感谢。由于作者理论水平有限，实践经验不足，本书的错误纰漏之处在所难免，对此恳请广大读者批评指正。

秦强

2025 年 7 月